엄마가 바뀌면 아이는 스스로 간다
공부 철칙

시험을 볼 때 진가를 발휘하는 학습법

엄마가 바뀌면 아이는 스스로 간다 공부 철칙

이승훈 · 이서연 지음

지Jisangsa
상사

엄마가 바뀌면 아이는 스스로 간다
공부 철칙

발행일 2019년 6월 28일 1판 4쇄
2015년 6월 5일 1판 1쇄

지은이 이승훈, 이서연
발행인 최봉규

발행처 지상사(청홍)
등록번호 제2017-000075호
주소 서울 용산구 효창원로64길 6(효창동) 일진빌딩 2층
우편번호 04317
전화번호 02)3453-6111 **팩시밀리** 02)3452-1440
홈페이지 www.jisangsa.co.kr
이메일 jhj-9020@hanmail.net

ISBN 978-89-6502-200-8 (13370)

이 도서의 국립중앙도서관 출판시도서목록(CIP)은 e-CIP홈페이지(http://www.nl.go.kr/ecip)와
국가자료공동목록시스템(http://www.nl.go.kr/kolisnet)에서 이용하실 수 있습니다.
(CIP제어번호: CIP2015012152)

상위권으로 도약을 위해서는
엄마와 자녀의 악순환 고리 끊기가 선결

"왜 우리 애는 최상위권이 못될까요?"

이런 질문에 답을 말하고, 자녀를 상위권으로 이끌어 줄 수 있는 선생은 그리 흔하지는 않다.

목동 지역에서 초등학교 고학년부터 고등학교까지 영어와 수학 성적을 마구 올린다는 소문이 자자하여 일명 '목동마녀'라 불리는 이서연 선생을 분당으로 스카우트해서 정확히 18개월을 보냈다. 6개월은 수학 선생으로 12개월은 영어와 수학 총괄 선생으로 분당 중학생 17명(중학교 1년 8명, 중학교 2년 4명, 중학교 3년 5명)을 개별 지도하여 전원 성적 향상의 기쁨을 선물해 주었다. 특히 기초가 부족하고 아무리 공부를 해도 성적이 오르지 않는 중학교 3년 학생들까지도 영어와 수학 성적을 전원 올려 학부모에게 마녀라는 별명을 다시 한 번 일깨워 주었다. 이서연 선생이 '목동마녀'에서 '분당마녀'로 재탄생하는 모습을 지켜보면서 학생들에게 단기간의 성적이 아닌 근본적인 공부 방법을 가르치는 것에 놀랐다.

보통 학원 강사들은 당장 시험에서 성적을 올리기 위한 단기 처방에 급급한데 이서연 선생은 달랐다. 느리더라도 근본부터 차근차근 한마디로 공부 뇌(스스로 공부하는 뇌 구조)를 만들어 주면서 공부를 시켰다. 어떻게 보면 느리기 짝이 없지만 일정 시간이 지나니 그 효과는 놀라웠다. 예를 들어 일반적인 학원 강사들은 영어 시험이 코앞에 닥치면 해당 영어 교과서에 나오는 단어와 본문을 달달 외우게 해서 당장 점수부터 올리게 하는데 반해 이서연 선생은 접두사, 접미어부터 가르치어 영어 단어 생성 원리부터 가르쳤다. 학습 내용보다 공부 요령부터 개별 진도에 맞춤 처방까지 신선하다고 말하기에는 너무나도 무모하기까지 했지만 결국 이서연 선생은 해냈다.

공부 뇌는 먼저 태도와 자세 잡기, 독서를 기반으로 한 어휘력과 문맥 키우기, 절차를 통한 수학 뇌 만들기, 영단어 구성 원리와 영어 어순을 통한 영어 뇌 만들기로 구성되어 있다.

말이 공부 뇌이지 실제로 공부 뇌를 만들려면 많은 인내력과 노하우가 필요하다. 또한 심층 연습과 피드백 그리고 이 과정을 총체적으로 꿰뚫는 로드맵을 그릴 수 있는 마스터 코치가 필요하다. 먼저 태도를 잡아 줘야 하는데 태도를 잡아주려면 엄마를 포함한 가족들의 (때에 따라서는 함께 사는 조부모나 외조부모) 도움이 절대적으로 필요하다. 먼저 자녀들의 인생에 절대적인 영향을 끼치는 엄마와 자녀 모두 마틴 셀리그만 교수가 주창한 긍정 심리학인 'PERMA'[1] 전

---

1) 셀리그만 교수가 추출한 행복 공식 'PERMA'
　①긍정적 정서(Positive emotion; 기쁨, 희열, 따뜻함, 자신감, 낙관성을 말한다.)
　②몰입(Engagement; 시간 가는 줄 모르는 것, 어떤 활동에 빠지든 동안 자각하지 못하는 것, 자발적으로 업무에 헌신하는 것을 말한다.)
　③관계(Relationship; 타인과 함께 하는 것을 말한다. 말할 수 없이 기뻤던 순간, 자신의 성취에 엄청난 자긍심을 느꼈을 때를 생각해 보면 거의 타인과 함께 했을 때이다.)
　④의미(Meaning; 자신보다 더 중요하다고 믿는 어떤 것에 소속되고 거기에 기여하는 것에 기초한다.)
　⑤성취(Accomplishment; 남에게 이기기 위해서이거나 돈을 벌기 위해서가 아니라 성취 그 자체가 좋아서 추구하는 것을 말한다.)

환 질문 사고법을 각각 몸에 배게 체화시킨다. 그리고 학생들에게는 '꾸준한 노력은 뇌를 변화시킨다'는 성장 사고방식의 기반에서 잘못된 학습 방법인 '3착각(①안다고 착각 ②집중 연습 착각 ③즉각 반복 착각)의 시정'과 체화(體化: 몸에 배어서 자기 것이 됨)시켜야 되는 '3학습법(①지식 연결 학습법 ②일주일 플랜 학습법 ③독수리 출제 원리 학습법) 체화'와 '7인출(①PERMA 전환 질문 사고법 인출 ②15분 STOP 뇌새김법 인출 ③개념+연관 문제 인출 ④1차 마인드맵 인출 ⑤거꾸로 교실 인출 ⑥주기적 확인 테스트 인출 ⑦재구성 마인드맵 인출)훈련'을 시킨다. 이른바 337(삼삼칠)학습법으로 공부 뇌를 만들어 간다.

이론으로는 쉽지만 실제 적용은 무척 힘들다. 이유는 중학교 3학년은 물론 중학교 2학년도 2학기 정도가 되면 그동안 시행착오를 통한 학습 무력감을 경험해서 학습 의욕을 고취시키기가 무척 힘들기 때문이다. 보통 자녀가 학교 시험을 못 보면 엄마들은 정확한 원인 분석 없이 다른 학원, 다른 과외 선생님을 찾는다. 그러나 이런 경우 열이면 열 모두 필패한다. 왜냐하면 모든 문제가 자녀의 공부에 대한 태도나 습관 또는 부모와 자녀와의 관계에서 비롯된다. 이런 근본 문제의 해결 없이 학교 성적에만 목매달면 '엄마와 자녀 관계 악순환'처럼 학습에 대해 무력감을 갖게 된다.

이런 악순환을 끊어 주려면 엄마 교육과 두 명의 멘터가 필요하다. 엄마가 바뀌지 않으면 절대로 자녀는 바뀌지 않는다. 그래서 학생을 맡으면 일절 엄마가 교육에 관여 하지 못하게 한다. 그리고 무

엄마와 자녀 관계 악순환

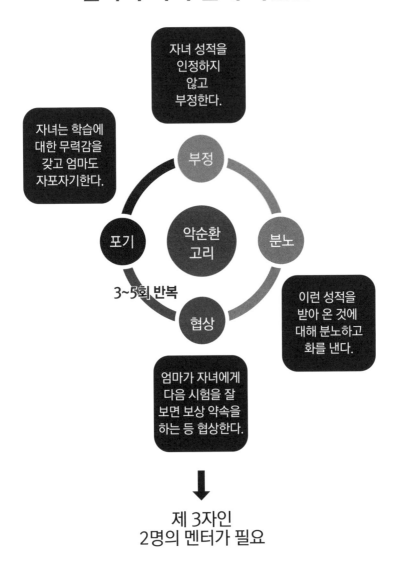

든 불만 사항은 '카톡'으로 보내서 악역은 저희가 담당하고 엄마는 '이를 악물고 칭찬하라'고 부탁을 드린다.

두 명의 멘터는 바로 감정 및 동기부여 코치(남학생은 게임과 성(性) 멘터를 해줄 수 있는 남자 코치가 필요)와 337학습 코치(학습 코치는 일반적으로 꼼꼼한 여자 선생이 좋음)가 필요하다. 그러나 부모들은 이때 이런 코치들을 구하는 게 아니라 티처(교습자)를 구한다. 코칭이 먼저 이루어지고 티칭 및 자기주도 학습이 이루어져야 되는데 반대로 티칭만 있기 때문에 수동적인 자세만 만들어지고 그 결과 성적은 제자리걸음만 되는 악순환이 반복된다. 이런 점을 지적해 드리면 주변에 제대로 된 전문 코치를 찾을 수 없다고 하소연한다.

이에 마구 영어와 수학 성적을 올려서 '마녀'라 불리는 이서연 선생과 '조폭저팔계'인 이승훈의 노하우를 통해 부모님들도 집에서 코칭이 가능하게 모든 자료를 공유할 수 있도록 공개한다.

2015. 봄

대표저자 이승훈

Contents

Contents

제4부 구멍 난 타이어는
아무리 바람을 넣어도 소용이 없다

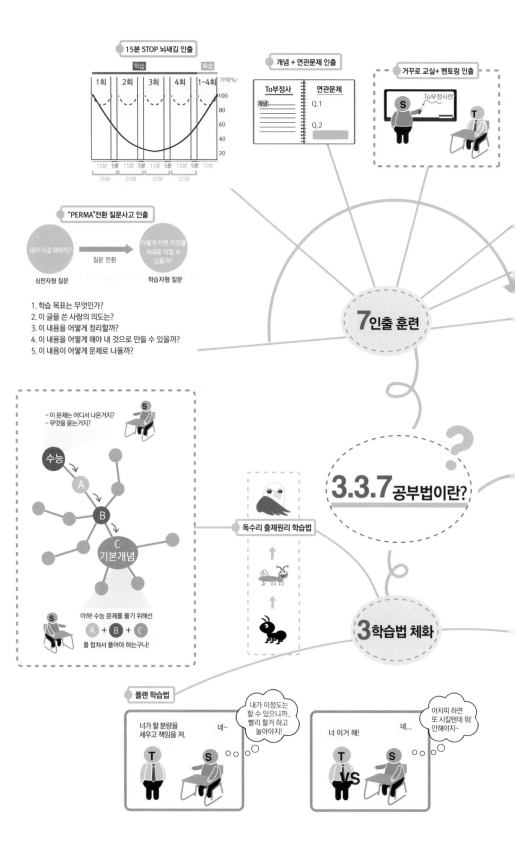

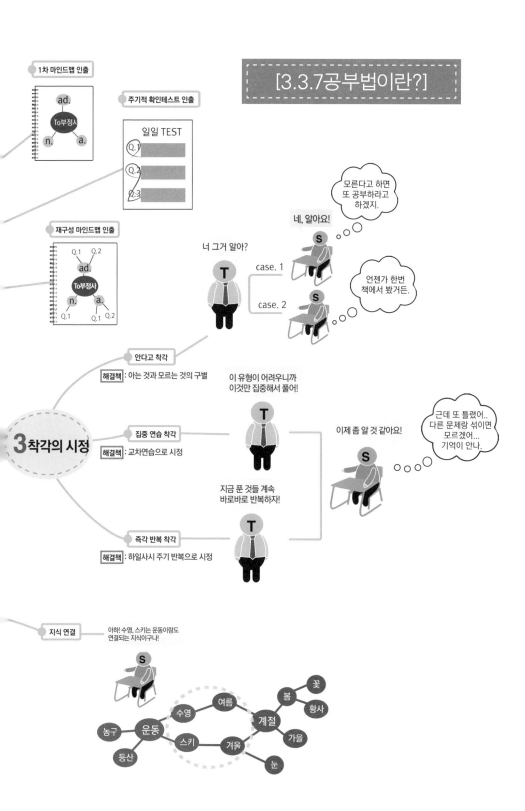

성적이 오를 수밖에 없는 337공부 뇌 훈련

하버드대학교출판사에서 펴낸 『어떻게 공부할 것인가』[2] 표지 뒷면에 우리가 그렇게 신앙처럼 생각하는 자기주도 학습에 대해 "자기주도 학습은 틀렸다. 최고의 선수는 훌륭한 코치의 도움을 받는다."고 하며 "더 늦기 전에 공부 습관을 바꿔라!"라는 내용이 나온다.

무엇이든 잘하려면 제대로 배워야 한다. 어떤 분야에서 제대로 배운다는 것은 그 분야의 전문가에게 배우는 것이다. 박지성 선수에게는 거스 히딩크 감독이 있었고, 김연아 선수에게는 브라이언 오서 코치가 있었듯이 세계적인 스타플레이어들과 마찬가지로 초중고 대부분의 학생들도 자신에게 어떤 부분이 부족한지 파악하고 그 부분을 채우는 데 필요한 연습의 체계를 잡아주는 교육자의 지도를 받을 때 학업성취도가 높아진다. 보통 중학생들이 이런 학습 코칭(337학습법)을 통해 체화되어 공부 뇌가 만들어져 궁극적인 자기주도 학습이 되기까지는 2~3년 걸린다. (초등학생의 경우는 3~4년) 시간이 많이 걸리기 때문에 늦어도 고등학교 진학 전까지는 공부

---

2) MAKE IT STICK:The Science of Successful Learning

뇌를 만들어야 혼자 공부하는 것이 가능하다. 꼭 대학 진학을 염두에 두지 않더라도 평생 공부가 화두인 현대에서는 어떻게든 자녀를 공부 뇌로 만들어야 된다.

공부 뇌로 만들어야 된다는 것은 동감하지만 어떻게 해야 하는 솔루션(solution)이 문제다. 엄마들이나 선생님들이 '열심히 하라!' 노래를 하지만 실제 학생들은 무엇을 어떻게 하는지 잘 모른다. 다음 얘기를 보면 부모들이 어떻게 해야 되는지 알 수 있다.

"대체 무슨 훈련을 어떻게 시킨 겁니까?"

"훈련 안 시켜요, 열선 깔린 바위를 만들어줬더니 알아서 올라가는 겁니다."

▲ [백호]

"추운 겨울날 동물원을 찾았다. 살을 에는 듯한 추위에도 불구하고 백호 세 마리가 바위 위에 앉아 늠름한 자태를 뽐내고 있다. 바위 위에서 흰 입김을 내뿜으며 포즈를 취하고 있는 백호를 보니 '백두산 호랑이라 추위를 타지 않나?'하는 의문이 생긴다. 이빈엔 사자가 나타났다. 이 녀석 역시 사람들이 사진 찍기 딱 좋은 자리에서 자세를 잡고 앉는다. 대체 동물들에게 어떤 훈련을 시켰기에 이렇게 추운 날씨에도 꿋꿋하게 버티며 관람객들을 맞아 주는 걸까? 사파리 투어가 끝나자마자 가이드에게 달려가 물었다. "대체 무슨 훈련을 어떻게 시킨 겁니까?" 가이드의 답이 걸작이다. **"훈련 안 시켜요. 열선 깔린 바위를 만들어 줬더니 알아서 올라가는 겁니다."**

이 가이드의 대답은 비단 사육사들에게만 유효한 답변이 아니다. 자녀를 키우는 부모들에게도 큰 깨달음을 주는 통찰이 들어 있다. 사람의 행동은 누가 억지로 시킨다고 쉽게 바뀌지 않는다. 자녀의 행동을 바꾸고 싶다면 스스로 그렇게 행동할 수밖에 없게끔 방법과 환경을 만들어줘야 한다.

공부에서의 몰입도 마찬가지다. 자녀들에게 공부에 몰입하라고 무조건 닦달할 게 아니라 몰입을 할 수 있는 방법과 환경 조성이 먼저다. 제 아무리 자율성이 뛰어나고 의욕이 넘쳐나는 학생이라 해도 몰입을 위한 방법을 알지 못하고 환경도 제대로 갖춰져 있지 않다면 그 효과는 반 토막 날 수밖에 없다. 그 방법이 바로 337학습법이다. 337학습법은 다년간의 현장 검증을 거쳤기 때문에 자녀분들에게 효율적으로 적용할 수 있다.

왜 공부 뇌가 필요한가

어쭙잖은 잔머리 가지고 일류대 입학은 힘듭니다.

공부 잘하면 성공? NO!

우리는 공부를 왜 시키는가?

공부와 성공의 함수관계?! NO!!

공부 잘하면 → 일류대 진학 → 좋은 직장 그리고 성공? NO!!

지식과 성공의 함수관계?! YES!!
FACT를 STORY로!

공부 잘하면 → 정보의 조직화 +체계화 → 지식 (가치를 만들어내는 능력) YES!!

즉 여러 정보[Fact] 들을 의미(意味) 있는 맥락[Context]에서 조합해야 지식[Story] 으로 전환될 수 있습니다. 한마디로 지식은 가치를 만들어 내는 능력입니다. 정보들을 조직화하고 거기에 의미(意味)를 부여함으로써 가치를 창출하는 힘이죠!

이런 관점에서 스스로 공부한 것만이 지식이 됩니다. 스스로 공부하지 않은 것은 절대 지식으로 승화(昇華)될 수 없습니다. 이것을 자기주도 학습[Self – Driven Learning] 이라고 하죠. 그러나 실제로 자기주도 학습은 공부 뇌를 만들어 주지 않으면 힘듭니다.

어설픈 격려보다 제대로 된 가이드를 하라
:양가감정(兩家感情)을 기반으로 한 독서 테라피

게임에 빠진 학생들하고 상담할 때 흔히 부모나 선생들이 가장 흔하게 저지르는 실수가 게임을 줄이거나 못하게 하는 일방적인 상담을 하기 때문에 효과를 볼 수 없는 것이다. 이럴 경우 상담 받는 학생들은 강하게 저항하게 되어 추후 실제적인 행동 변화나 유지로 이어지지 않는다.

실질적으로 학생의 마음속에는 게임을 계속 하고픈 생각과 좀 자제하고 공부를 해야겠다는 상반된 생각이 공존하고 있다. 이 두 가지를 바로 양가감정(兩價感情: ambivalence)이라고 한다. 기본적으로 학생들은 이러한 양가감정(모순감정)을 모두 가지고 있기 때문에 이를 아우르면서 공부를 시켜야 요요현상이 일어나지 않는다.

자녀가 만일 공부를 못한다면 그 이유는 크게 3가지다.

가장 큰 원인은 ①공부할 생각이 없다는 것이다. 그리고 ②공부할 생각이 없는 상태로 중학교 진학하게 되면 학습의 기초가 부족으로 영어와 수학을 따라가기 힘들어 진다. 마지막으로 여기에 ③공부 요령 및 학습법을 몰라 이제는 영영 공부와는 담을 쌓게 되는 것이다.

보통 부모님을 포함한 초보 교습자들은 이 3가지 문제를 혼동한다. 그러나 「마녀쌤」은 이 3가지를 나누어서 동시에 해결하면서 수업을 전개한다.

첫째 공부할 생각이 없는 학생에게 (처음 「마녀쌤」에게 배우는 학생들 모두가 여기에 해당)『근성』(조서환 지음)이란 책을 주고 잡념이 생기거나 공부가 힘들거나 싫을 때마다 이 책을 보게 한다. (보통 일주일이면 모두 읽는다.)『근성』이란 책을 보고 나면 박주현의『공부반란』등 공부법에 대한 책을 권하는 등 아이 상태에 따라 독서 테라피를 통한 동기부여를 시킨다. 여기서 다른 선생들과 큰 차이가 난다. 다른 선생들은 인내력, 끈기를 강조할 때 현실적으로 대안을 만들면서 집중하게 만든다.

분당에 있는〈바로스카이〉에 겨울방학 때가 되면 광주광역시, 대구 수성구, 속초 등 지방 출신 학생들이 온다. 오는 학생들은 이것저것 다해보다 마지막 지푸라기 잡는 심정으로 부모들이 보내는 것이다. 잘 가르쳐서가 아니라 이렇게 기초 없는 학생들을 가르치려면 학생 수준에 맞는 개별 진도를 나가야 되는데 과외 빼놓고는 그렇게 하는 곳이 대한민국에 없기 때문이다. 이렇게 개별 진도가 가능한 건 공부 자체가 아닌 공부법을 가르치기 때문이다.

제1부

자녀를 이기려 하지마라!

엄마는 싸움꾼이 아니다.
금쪽같은 내 새끼!
이를 악물고 칭찬해야 된다.

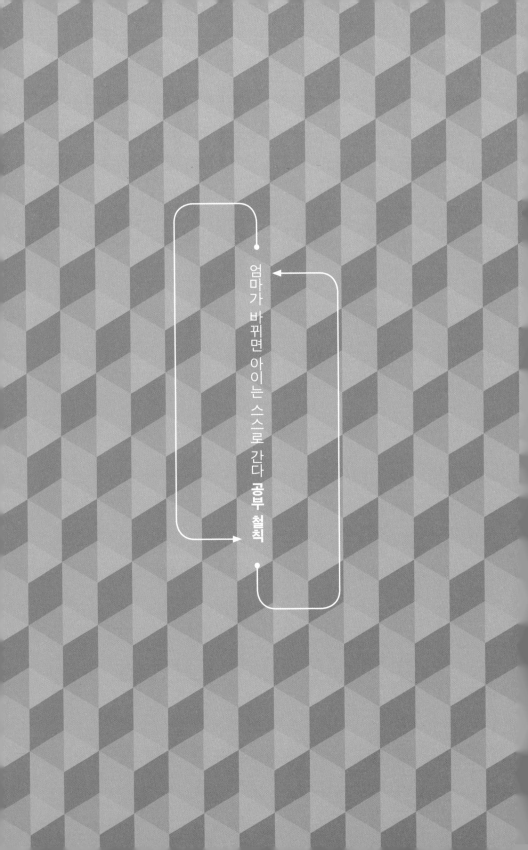

엄마가 바뀌면 아이는 스스로 간다 **공부 철칙**

내가 바로 최악의 엄마가 아닐까?
_교육 철학 없고 부지런한 엄마

아마존의 밀림에서 벌목한 나무는 강에 띄워 하류로 보내서 다시 선박으로 이동한다. 강 상류나 중류에서 띄우면 물길을 따라 나무가 잘 가다가 물이 굽이치는 곳이나 소용돌이 치는 곳에서 갑자기 엉키게 되는 경우가 있다. 초보 일꾼들은 이런 경우 허둥지둥 이 나무를 건드리기도 하고 저 나무를 건드리기도 하지만 원주민들은 아주 손쉽게 해결한다. 바로 이렇게 엉키게 만든 나무들 중에 원인이 되는 나무만 건드려 주는 것이다. 그럼 다시 순조롭게 흘러간다. 이 뒤엉키게 만든 나무를 킹핀(king pin)이라고 한다.

볼링에서도 스트라이크를 시키려면 정중앙 앞에 있는 1번 핀이 아닌 1번과 2번 또는 1번과 3번 사이에 공을 넣어 그 뒤에 있는 5번 핀을 노려야 하는데 급소가 되는 5번 핀이 바로 킹핀이 된다.

자녀 교육의 킹핀은 무엇일까?

바로 현명한 엄마다.

정중앙에 있는 1번 핀만 맞추면 오히려 양끝이 남게 된다 ㄱ 1번

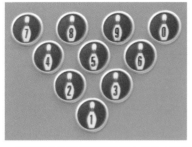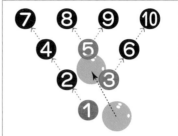

▲ [1번(자녀)이 아닌 5번(엄마)을 노려야 스트라이크가 된다.]

핀은 바로 자녀다. 즉 자녀만 들들 볶으면 오히려 역효과가 나는 것이다.

학생을 맡을 때 잔소리하지 않고 모든 잘못은 직접 고쳐주는 것을 전제로 학생 지도에 나선다. 잔소리를 하면 학생의 정서가 망가져 이성이 작동하지 않기 때문에 공부는 절대로 되지 않는다.

20년 이상 학생들을 가르치면서 깨달은 건 똑똑하고 부지런한 엄마는 5%밖에 안 된다는 사실이다. 교육 특구라 일컫는 대치동, 목동, 중계동도 헛똑똑이 엄마들이 대부분이다. 엄마들 중 가장 많은 비중을 차지하는 건 교육의 요체를 모르니까 마냥 불안하고 바쁜(부지런한) 엄마들이다. (이런 엄마들이 절반 이상) 오히려 게으르다면 자녀를 덜 망칠 것이다. 이렇게 잘못 자녀들을 돌리다가 사춘기 마찰을 겪고 포기하던지 부작용이 나는 것이다.

엄마들은 큰 그림은 그리지 못하고 지엽적으로 매달리는 경향이 있다. 자녀 교육은 한마디로 문제를 어떻게 정의하는가에 달려 있다. 문제가 되는 자녀가 있는 게 아니라 문제가 되는 엄마가 있다고 단언한다.

시작이 잘못되면 아무리 열심히 해도 성과를 거두지 못한다.

'문제의 본질이 무엇인가?'

자녀 교육에 있어서 문제의 본질은 새로운 시대 패러다임을 읽지 못하고 자기가 경험한 것, 또는 또래 집단 엄마들의 분위기에 휩싸인 엄마한테 있다.

	멍청(교육 철학 없음)	똑똑(교육 철학 갖춤)
게으름	유형1. 그나마 바람직한 엄마(20%) 자녀가 불안해서 제 살길 찾음	유형2. 최고의 엄마(약 5%) 똑똑해서 현실 직시 (게으르기 때문에 최상의 방법 찾아 위임)
부지런	유형3. 최악의 엄마(60%) 실수 제조기	유형4. 바람직한 엄마(15%) 옹정제, 제갈공명, 정조대왕

엄마의 4가지 유형

부모는 모두 자녀의 나이와 비례하게 경력이 쌓아간다. 자녀가 7살일 때, 엄마 역시 양육 경력 7년이라 볼 수 있다. 하지만 같은 세월과 시간 동안 자녀의 교육에 대해 얼마나 관심을 갖고 가치관을 쌓느냐는 천차만별이다.

중학생인 자녀가 공부 태도, 공부 방법을 모르는 것은 중학생이 될 때까지 준비를 제대로 할 수 있게 도와주거나 동기부여 해주었던 조력자의 역할이 부족해서다. 자녀의 공부 수준처럼 부모의 교육 철학 수준 역시 얼마나 의지를 가지고 준비하느냐에 달려 있다.

①게으름+멍청(1유형)

교육 철학이 없고, 게으른 부모가 오히려 자녀에게는 낫다. 양육, 맞벌이, 시댁과 친정에 신경 쓰는 등 다양한 변수와 변명이 있겠지만 타의든 자의든 교육에 대해 깊이 관심을 갖지 못해 교육 철학이 없는 것과 동시에 중학교 내신 또는 고등학교 입시가 닥쳐서야 준비하는 다소 게으른 유형이다. 그러나 이런 경우 엄마를 믿지 못하기 때문에 오히려 자녀는 스스로 챙기는 습관을 갖게 된다.

②게으름+똑똑(2유형)

두 번째는 교육 철학을 갖추었지만 부지런히 준비하기는 어려운 상황의 부모 유형이다. 먼저 자녀를 키울 때 인성과 예의 그리고 스스로 자신의 할 일을 찾아서 할 수 있게 기본 태도를 형성시켜 줌과 동시에 무엇보다 자녀를 대할 때 감정을 통제할 수 있는 이성적이자 일관성을 갖춘 부모라고 할 수 있다. 게으름과 부지런함에 대해서 생각해 보면, 부지런함이란 것이 부모가 일일이 따라 다니면서 밥 먹이고, 옷 입히고, 책가방을 챙겨주고 공부를 닦달하라는 것이 아니다. 학습을 떠나서 '자기주도'라는 말을 생각할 때, 부모가 일일이 따라다니면서 자녀를 통제하고 챙겨주는 것에 급급해 하는 순간 그 학생은 스스로 자기 일을 챙겨서 하기 보다는 의존도만 높아져서 결국 혼자서는 생각하는 능력이 상대적으로 떨어지고 최악의 결과는 '마마보이'와 같은 '캥거루족'으로 자라나게 되는 것이다. 이런 유형의 부모들은 위임이라는 것을 안다. 예를 들어 역사상 최고 부자 서열 2위인 철강왕 카네기는 묘비명에 "여기 자신보다 현명한 사람을 주위에 모으는 기술을 알고 있었던 한 인간이 잠들다." 이렇게 썼다. 이런 부모가 최고의 엄마다. 세 아들을 서울대에 보낸 이적의 엄마(박혜란, 『믿는 만큼 자라는 아이들』 저자)가 바로 이런 유형이다. 즉 유형2의 부모란, 자녀에게 학습과 입시, 진로 등에 대한 정보와 같이 아이를 발전시킬 수 있는 요소를 제공해 주는 부지런함은 부족하지만 기본적인 태도와 자기 스스로 생각하고 행동할 수 있는 마인드와 근성, 성격까지는 만들어 줄 수 있는 역량을 가졌다고 볼 수 있다. 유형2의 부모를 둔 자녀들은 자신의 발전에 대한 욕구와 기본 태도가 좋기 때문에 다소 게으른 부모만 믿고 있다가는 자신의 미래가 위험할 수 있겠구나 생각하고 먼저 성숙해진 친구들이라 볼 수 있다. 교육 기사나 주위의 '엄친아', '엄친딸' 중에서 부모의 노력에 비해 학생들이 정말 훌륭하게 자란 경우들 중 해당되는 경우가 많다.

③부지런+멍청(3유형)

최악의 엄마다. 우리나라 약 60% 엄마가 바로 이 유형이다. 교육 철학 없이 부지런하다. 이런 유형의 자녀들은 어릴 때 즉 초등학교 저학년까지는 부지런한 부모의 닦달을 참고 공부를 하다가 초등 고학년 또는 중학교 때 공부에 질려버리는 경우가 많다. 자녀에 대한 사랑과 열성은 인정할 수 있지만 자녀에게 독인지 약인지도 모르고 이것저것 적용해 보고 시행착오를 거치다가 너무 많은 시간과 노력을 낭비하고 좌절할 수 있기 때문에 정말 위험할 수 있다.

④부지런+똑똑(4유형)

교육 철학도 충분히 지니고 부지런히 도와주는 형태이다. 교육설명회, 교육 서적 등 정보에도 해박하기 위해 노력하고 자녀가 늦게까지 공부할 때 먼저 취침하거나 드라마나 예능을 시청하기 보다는 옆에서 격려해 주고, 학원과 과외 일정 등에 맞춰 학생이 고생을 덜 할 수 있도록 공부할 수 있는 환경을 마련해 주는 역할을 예로 들 수 있다. 이런 부모의 경우 자녀를 최우등으로 키울 순 없어도 우등까진 키울 수 있다. 역사적으로 옹정제나 정조대왕 등 부지런히 일하다 과로사하는 경우를 보면 알 수 있듯이 어느 정도 성과는 올리지만 최고의 결과는 나오지 않는다. 제갈공명의 경우도 촉나라를 위해 노심초사하다 과로사로 죽었다.

■ 이를 악물고 칭찬해야 되는 이유
_분풀이를 잔소리로 한다

강남, 분당, 목동 이른바 교육 특구에는 고학력 부모들이 많다. 그런데 웃긴 건 그 고학력 부모들 자녀 중에 터무니없이 공부를 싫어하는 경우가 있다.

왜 이런 일이 벌어질까?

첫째는 시대적인 착오다.

부모의 세대에는 과외나 학원이 금지여서 본인만 정신을 차리면 금방 따라 잡을 수 있었다.

둘째는 사후과잉확신(hindsight bias) 때문이다.

우리는 어떤 일이 끝난 뒤에 "내 그럴 줄 알았어!", "그것 봐! 내가 뭐랬어?"라는 말을 흔히 쓴다. 과거는 우리가 질서를 부여할 수 있기 때문에 이렇게 이야기할 수 있는 것인데, 이것이 습관이 되어 자녀들에게 똑같이 말하면서 굉장히 피곤하게 만든다. 뿐만 아니라 정확한 과거의 피드백과 프로세스(과정)를 이해할 기회를 원천적으로 차단하게 되어 더 이상 발전할 수가 없다. 자녀의 처지에서는 사후과잉확신의 말을 들으면 엄청나게 감정이 상하기 때문에 젤

대 이런 말을 해서는 안 된다. 특히 "내가 너만 할 때는 말이야…", "우리 때는 안 그랬는데…." 이런 말을 들을 때마다 자녀는 속으로 짜증만 난다. 사람들이 회상해 낸 자신의 과거 모습은 과거의 실제 모습을 닮았다기보다는 현재의 자기 자신을 더 닮았다. 한마디로 애벌레가 나비가 되고 나면, 자신은 처음부터 작은 나비였다고 주장하는 셈이다. 성숙의 과정이 모두를 거짓말쟁이로 만들어 버리는 것이다. 감동은 한 번으로 족하다. 대개 자녀가 부모의 기대에 못 미칠 때, 부모는 자녀에게 자신이 과거의 역경을 극복하고 오늘날의 성공을 이루어 낸 무용담을 이야기하는 경우가 많다. 아무리 감동적인 영화라 할지라도 반복해서 보면 지루하다 못해 고통이 된다. 자녀가 처음에는 영화의 한 장면과 같은 이야기에 감탄할지 모르지만, 이야기가 반복되는 순간 이전의 감흥까지 사라진다. 더구나 부모와 비교되면서 자신의 무능함이나 초라함을 느끼면 자신감을 상실할 수 있으며, 심하게는 부모에 대한 반감까지 갖게 된다.

셋째는 계획표의 함정(작심삼일)이다.

자녀들과 계획표를 짜고는 이것을 지키지 못하면 분노를 쏟아 붓는다. 이건 예전의 부모들도 마찬가지였다. 다만 기억하지 못할 뿐이다.

자녀는 분풀이 대상이 아니다

부모들이 학창 시절일 때는 『수학의 정석』과 『성문 종합(기본)영어』가 바이블이었다. 매년 학기 초가 되면 언제까지 끝내겠다고 수없이 계획을 세우지만 결국 제대로 끝내지 못한 경험이 누구나 있을 것이다. 이런 경험들은 의지의 부족이라기보다는 애초부터 미래에 대한 우리의 계획이 현재의 의지에 의해 지나치게 영향을 받았기 때문이다.

현재의 의지에만 집착해서 미래의 계획을 세우다보면, 관심이 자기 내면으로만 집중하게 된다. 불타는 의지, 각오, 과거의 실수에 대한 깨달음, 이번만은 다를 것이라는 자기 확신 등을 보면서 현재의 의지가 미래에도 그대로 유지될 것이라고 단정한다. 동시에 현재 존재하지 않는 것들은 미래에도 존재하지 않을 것이라고 단정한다. 그래서 이성간의 갈등, 친구와의 마찰, 심부름 같은 자신의 의지대로 실천할 수 없게 방해하는 예기치 못한 일들은 미래에서 설 자리를 잃게 된다. 마치 자동차를 타고 터널 속으로 들어가면 터널 안만 보이고 터널 밖은 보이지 않는 '터널 뷰' 현상과 같은 원리다.

미래를 예측할 때 현재 존재하는 자기 내면의 의지만 보는 우를 범하지 않으려면, 현재에는 존재하지 않지만 미래에는 존재하게 될 여러 가지 상황적인 요인들을 고려하는 지혜가 필요하다. 이렇게 희망에 부풀어서 자녀와 함께 계획표를 세우고 지키지 않을 경우에는 자녀에게만 화살이 돌아간다. 실제로 분석해 보면 애당초 불가능했던 계획인데 말이다.

이제 그 분풀이를 잔소리로 한다. 우리의 뇌는 원래 인정하고 칭찬하기 힘들다. 그 이유는 인간 본성 깊은 곳에 이기적인 마음, 즉 남을 깎아내리고 본인을 남보다 위에 두고 싶은 본성이 있기 때문이다. 이것을 진화 심리학자들은 인류가 생존에 유리하게 긍정적 정보보다 부정적 정보에 더 관심을 민감하게 반응하도록 진화가 되어 왔다고 주장한다. 한마디로 남을 칭찬하기 보다는 비난하는 쪽으로 진화되어 왔다는 것이다. 우스갯소리로 유학 갔다 10년 만에 돌아온 아들을 보고 엄마가 첫마디로 한 말이 "옷차림이 그게 뭐니?"였다. 반가움보다 잔소리가 앞선 것이다. 그래서 우린 이를 악물고 칭찬해야 된다. 그것도 자주해야 된다.

칭찬을 받으면 우리의 뇌에서는 도파민이라는 호르몬이 나온다. 이 호르몬은 긍정적 강화를 시켜주어 기억력과 학습 능력이 향상된다. 그러나 이 도파민은 칭찬 받은 지 몇 분 지나면 소멸되어 버린다. 그러기 때문에 이를 악물고 자주 칭찬해 줘야 한다. 만일 인정과 칭찬을 안 해 주면 딴 곳에서 도파민을 충족시키려 든다. 바로 게임, 스마트폰, 이성 또는 또래 친구들에서 찾게 되는 것이다.

기적의 PERMA 전환 질문 사고법
_질문을 바꿔보라. 그러면 인생이 달라진다

내가 옳다는 것을 증명할 것인가 아니면 자녀의 성공을 바랄 것인가? 기억해야 된다. 자녀 교육의 결과는 당신의 질문에 좌우된다는 점을….

(질문 사고법을 부모에게도 자녀에게도 몸에 배게 해야 한다.)

"너 왜 그래?"   **VS**   **"이 상황을 어떻게 하면 좋게 만들 수 있을까?"**
   (심판자형 질문)   (학습자형 질문)

질문은 우리의 시각을 완전히 바꿔 놓는다. 문제를 바라보고 해결하는 방식이 새로운 영역으로 옮겨 놓는다.

예를 들어 유목민들이 "어떻게 하면 물 가까이 갈 수 있을까?"

이 질문 아래서는 수천 년 동안 유목 생활을 하게 만들었다.

그렇지만 이 질문을 "어떻게 하면 우리 쪽으로 물을 끌어올 수 있을까?"로 바꾸면 농경이 탄생하고 도시 건립이 이루어질 수 있다. 우리는 인생의 거의 매 순간 선택에 직면한다.

우리가 그 사실을 인식하든 못하든 관계없이 '심판자'의 사고방식을 택하면 결국에는 진흙탕에 처박히게 된다. 반면에 학습자의 사고방식을 택하는 사람은 새로운 길과 가능성을 발견하게 된다. 사람들은 대부분의 시간을 학습자와 심판자의 길을 '왔다갔다'하며 보낸다. 그러면서도 선택한 길을 스스로 고쳐 살 수 있는 능력이 자신에게 있다는 것을 거의 깨닫지 못하고 있다.

좋거나 나쁘거나 옳거나 그르거나 한 것이 여기는 없다. 오직 어떤 일이 벌어졌느냐, 그렇게 일어난 일을 당신이 어떤 식으로 다스렸느냐하는 문제만 있을 뿐이다. 그게 바로 전환 질문 사고의 본질이다. 질문을 바꿔본다. 그러면 인생이 달라진다.

선택의 지도는 기분과 생각, 행동을 유발하는 질문들을 점검하는 정말 훌륭한 도구이다. 심판자의 길로 들어섰을지도 모르겠다는 느낌이 들 때면 잠시 멈춰 서서 심호흡을 하고, '혹시 심판자의 길에 들어선 건 아닐까?'하고 스스로 물어 본다. 만약 그 질문에 대한 대답이 '그렇다'라면 '이 문제를 달리 생각할 수가 없을까?' 혹은 '내가 가고 싶어 하는 것은 어디지?'라는 식으로 자신에게 간단한 질문을 던짐으로써 전환의 오솔길로 쉽게 들어설 수 있다.

각자 처해있는 상황에서 지도를 따라 학습자의 길을 따라가자!

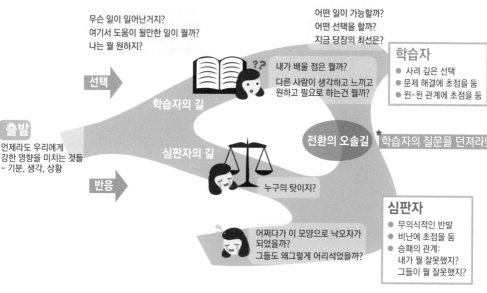

무슨 일이 일어난거지?
여기서 도움이 될만한 일이 뭘까?
나는 뭘 원하지?

어떤 일이 가능할까?
어떤 선택을 할까?
지금 당장의 최선은?

선택

학습자의 길

내가 배울 점은 뭘까?
다른 사람이 생각하고 느끼고
원하고 필요로 하는건 뭘까?

학습자
- 사려 깊은 선택
- 문제 해결에 초점을 둠
- 원-윈 관계에 초점을 둠

출발
언제라도 우리에게
강한 영향을 미치는 것들
- 기분, 생각, 상황

심판자의 길

전환의 오솔길 ★학습자의 질문을 던져라!

반응

누구의 탓이지?

심판자
- 무의식적인 반발
- 비난에 초점을 둠
- 승패의 관계:
  내가 뭘 잘못했지?
  그들이 뭘 잘못했지?

어쩌다가 이 모양으로 낙오자가
되었을까?
그들도 왜그렇게 어리석었을까?

▲ [전환의 오솔길: 삶을 변화시키는 질문의 기술에서 발췌]

훌륭한 코치는 충고를 피한다(하지 않는다는 의미)

훌륭한 코치는 상대방이 스스로 최선의 대답을 찾아낼 수 있도록 도움이 될 만한 질문을 던진다. 최고의 코치는 생각을 자극하고 영감을 불어넣는 질문을 던짐으로써 상대방이 스스로 보물을 찾게끔 안내를 한다. 스스로 얻는 해답이 최선의 충고다.

엄마들에게 다음과 같은 질문을 던진다.

"당신을 좌절시키는 것이 남편(자녀)입니까? 아니면 남편(자녀)의 행동을 대하는 당신의 방식입니까?"

그리고 나서 남편 혹은 자녀에게 자신이 (엄마들) 옳다는 걸 입증해 보이는 일보다 우리의 관계가 훨씬 더 중요하지 않겠냐고 다시 묻는다. 그리고 자녀에게 말하기 전 자신에게 (엄마) 다음 2개의 질문을 하라고 시킨다.

①(가족들, 특히 자녀) '나는 이 말다툼에서 이기기를 원하는가 아니면 오늘밤 멋진 시간을 갖길 원하는가?

②내가 옳다는 것을 증명할 것인가 아니면 자녀의 성공을 바랄 것인가?

물론 학부모 교육을 받을 때는 모두들 고개를 끄덕이면서 몇 번이고 다짐을 하지만 작심삼일이다. 그래서 몸에 배게 6차례에 걸쳐 전환 질문 사고 간담회를 열어서 트레이닝을 함께 한다.

(PERMA 전환 질문 사고법은 아버지들도 직장 생활에 적용할 수 있어서 많이 참가한다.)

우리는 잔소리를 왜 할까?

성취도 높은 커리어 우먼, 섹시한 여자, 열정적으로 사랑하는 여자는 잔소리를 거의 아니 한다. 즉 잔소리는 좌절, 외로움, 실망을 느끼는 사람 즉 재미없게 사는 사람이 잔소리꾼이 된다. 한마디로 인정해 달라는 요청이다. 그럼 왜 잔소리는 효과가 없을까? 남자(남편), 자녀(남아)는 잘 해독 못한다. 또 접근하는 방식에서 문제가 있는 것이다. 본인 마음의 평화를 위해 상대방에게 죄책감을 안겨주는 삐딱하면서도 상대방을 야금야금 괴롭히는 방식이라는 거다. 당하는 사람은 모기에 자꾸 물리는 느낌이라 나중에 사과해도 앙금이 남는다. (못을 빼도 그 자리는 남는 것처럼) 한마디로 잔소리는 무의미하다.

자기 패배적이며 모두 패배자로 만들어서 결국에는 비극적 결말로 끝난다.

*

〈바로스카이〉에서는 학생을 가르치기 전 부모에게 (특히 엄마) 자녀에 대해 불만이 있더라도 절대 야단치지 못하게 한다. 만일 야단칠 일이 있으면, 남학생들은 「조폭쌤」이 담당하고, 여학생은 「마녀쌤」이 야단을 친다.

표창원(범죄전문가)과 신창원(범죄자) 차이?

학생들과 이우중학교에서 개최한 안광복 선생님 강연회에서 들은 내용이다. 신창원과 표창원의 차이점이 무엇인가? 한 사람은 희대의 범죄자이고 한 사람은 경찰대 교수를 지내고 현재 케이블 TV의 진행자와 범죄를 캐는 범죄연구소 소장을 지내는 극과극의 인물이다.

이 두 사람은 이름이 같다는 공통점 외에 어린 시절 도둑질을 했다는 공통점이 있다. (나이는 신창원이 67년생 양띠 / 표창원이 66년 말띠로 한 살 차이) 그런데 무엇이 이 두 사람의 인생을 갈랐을까?

신창원이 초등학생 때 경찰에 처음 잡혔을 때 아버지가 "난 저 자식 몰라요! 저 새끼 내 자식도 아니다."라고 말하고 경찰서에 내팽개치고 왔다. 또 계모가 도둑놈 새끼라고 구박하면서 어린 시절을 보냈다. 이에 반해 표창원의 아버지는 경찰서에서 무릎 꿇고 자식을 이렇게 가르친 자기가 죄인이니까 저를 대신 잡아 가두어 달라고 울면서 빌었다고 한다. 어린 신창원과 표창원은 이 광경을 보고 어떤 생각이 들었을까?

같은 잘못된 짓을 했을 때, 어떤 부모는 비난하고, 어떤 부모는 다른 사람에게 용서를 빌었다. 이 둘의 인생 초깃값(default point; 기본 포인트)이 이렇게 달랐기 때문에 그 결과도 당연히 다르게 될 수밖에 없었던 것이다.

제2부

맨땅에 헤딩하면
머리만 깨진다

:암기보다는 '툴'을 사용하는 방법,
즉 문제 해결 방법을 가르친다.

일반적으로 교육이라면 학생에게 필요한 교과 내용만 주입
식으로 가르치는 것을 의미하지만 〈바로스카이〉의 「마녀
쌤」 교육이란 학습 원리를 깨우쳐 스스로 익히는 과정을
의미한다. 이렇게 학습 툴을 활용하면 더욱 빨리 개념을 이
해할 수 있고, 이를 바탕으로 개념도 더 빨리 습득할 수 있
기 때문이다. 이 툴이 바로 이른바 '337공부법'인 '3착각의
시정', '3학습법 체화', '7인출'이다.

엄마가 바뀌면 아이는 스스로 간다 **공부 철칙**

1. 왜! 우리 아이는 최상위권이 못될까?

_3착각부터 고쳐라

"3착각을 깨달으면 왜 최상위권이 안되는지!
어떤 것이 잘못된 선행인지 알 수 있다."

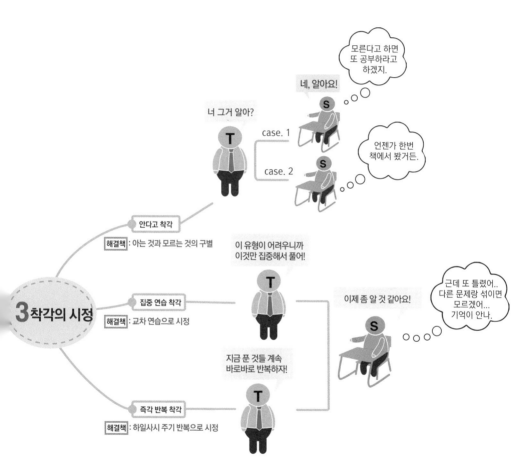

◼ 시험만 보면 실수했다고 말한다
_안다고 착각

　　　　　　분당이나 강남권 학부모들과 영어와 수학 상담을 하다보면 "우리 애는 열심히 하는데 항상 80점대에서만 맴돌아요." 이런 얘기들을 자주 듣는다.

이런 학생들이 갖고 있는 것이 유창성 착각이다. 유창성 착각은 남학생에게 많다. 그래서 남학생들이 여학생들에게 중학교 내신 성적이 뒤지는 결정적 이유이기도 하다. 유창성 착각은 집중 학습 착각과 즉각 반복 착각과도 밀접한 연관성이 있다. 텍스트에 유창한 것을 내용에 숙달한 것으로 착각해서 일어난다.

유창성 착각으로 「조폭쌤」도 사수(四修)를 했다. 85년 성균관대, 86년 연세대, 87년 고려대에 합격하여 결국 고려대를 졸업했지만 끝내 서울대는 포기했다. 허망했던 것은 사수 내내 학력고사 점수가 5점 이상 올리지 못했다는 것이다. 모두 안다는 착각으로 여러 문제집만 섭렵했던 것이 가장 큰 패착이었다.

예를 들어 『수학의 정석; 실력편』 연습문제를 보면서 '아! 이건 내가 아는 거야!'하고 넘어 갔던 것들이 마지막에 가선 발목을 잡곤 했다.

이런 안다고 착각하는 유창성 착각은 2가지가 있다. 한번 가르치고 나서 "너 그거 알아?"하고 물어보면 거의 "안다"고 말한다. 왜냐하면 모른다고 하면 또 가르치기 때문에 귀찮아서 안다고 말하는 것이다. 또는 아이들은 정확히 알고 있는 게 아니라 한번 들어본 적이 있거나 배운 적 있을 때도 '안다'는 표현을 쓴다는 사실을 알고 있어야 한다. 그러나 이것은 경험이 많은 선생이라면 내용을 물어보는 등 간파가 쉽다. (엄마나 초보 강사는 이 부분부터 실수한다.)

문제는 「조폭쌤」의 사수 경험처럼 자기 자신이 안다고 착각하는 것이다. 이것을 깨달아야 최상위권이 된다. 최상위권의 가장 큰 특징은 아는 것과 모르는 것을 정확히 구분하는 것이다. 유창성 착각을 깨기 위해서는 다양한 문제를 꼼꼼하게 주관식으로 출제하여 서술하게 해야 한다. 그러나 먼저 학생들에게 안다고 착각하는 유창성 착각이 어떻게 일어나는지부터 가르쳐야 된다. 이런 유창성 착각은 집중 연습과 즉각 반복 때문에 나타난다. 이 2가지 착각은 묶어서 설명하는 것이 이해가 빠르다.

지금 할 줄 안다고 시험 때도 할 수 있을까?
_집중 연습 착각

집중이란 말은 무척 좋은 말이다. 집안 청소를 하더라도 하나를 집중적으로 끝내 놓고 다른 것을 시도해야 효율적이다. 기억이라는 것은 인출이 중요하다. 그러나 학습에서는 다르다. 왜냐하면 '안다'와 '직접 풀 수 있다'는 말은 전혀 다른 개념이기 때문이다. 한번 가르치고 나서 "알아?"하고 물으면 보통 학생들은 거의 안다고 한다.

이는 대충 이해만 하고 있는 것이다. 직접 풀어 보라면, 풀지 못하거나 아니면 풀어도 틀리는 경우가 많다. 그래서 시험이 끝나고 왜 틀렸냐고 물어보면 실수했다고 말한다. 실수가 아니라 완벽히 익히지 못한 상태에서 시험을 봤기 때문이다.

집중적으로 즉각 반복하면 그 자리에서는 안다고 생각한다. 하지만 시험은 한 달 또는 몇 달 뒤에 본다. 수능은 고등학교 3학년 11월에 본다. 여기서 제대로 된 선행이 무엇인지 알 수 있다. 일반적인 선행은 실제 시험을 보는 시기가 되면 모두 잊어버린다. 그리고 수업 시간에는 안다고 하는 유창성 착각까지 일으킨다. 결국은 일부분에 막혀 일정 수준까진 점수가 나오지만 (80점대) 최상위권 점수는 나오지 않는다.

집중 학습과 즉각 반복은 그때 그 장소에만 통할뿐 실전에는 큰 도움이 되지 않는다. 예를 들어 타자가 직구(변화 없이 직선으로 들어오는 볼) 50개, 너클볼(타자 앞에서 급히 떨어지는 볼) 50개, 체인지업(투구 속도나 투구 태도를 변화시키는 것) 50개 이런 식으로 150개를 세 유형으로 집중 연습하면 연습할 당시에는 그 유형에 대해 마스터 한 것으로 보이지만 실전에서는 한 종류의 공이 연달아 들어오지 않기 때문에 별 쓸모가 없다. 오히려 150개를 섞어서 연습했더라면 (교차 연습) 연습할 때는 힘들지만 (이것이 바로 '바람직한 어려움'이라는 것이다) 실전에서는 확실한 효과를 본다.

이런 이유로 엄마와 공부 하든, 사교육을 (학원이나 과외) 하든지 시험 보면 평상시 실력보다 성적이 나오지 않는다고 아우성치는 것이다. 흔히 완벽히 숙달하고 싶은 것이 있으면 한 가지를 쭉 반복해서 연습하는데 몰두해야 한다고 생각하기는 쉽다. 지금껏 기술을 익히거나 새로운 학습할 때는 집중적인 '연습, 연습, 또 연습'이 필수라고 생각하도록 지도를 받아 왔기 때문이다. 이러한 직관은 매우 설득력이 있으며, 믿을 수밖에 없는 두 가지 이유가 있다.

첫째, 한 가지를 반복적으로 계속 연습하면 향상되는 것이 눈에 보인다. 이것이 엄마 또는 초보 강사들에게 이 전략을 고수하게 만드는 가장 큰 이유이다.

둘째, 우리는 한 가지만 반복해서 얻은 지식이 단기 기억에만 머물러 있다가 (장기 기억으로 전환되지 못한 채) 금방 사라진다는 사실을 알지 못한다. 이 지식이 얼마나 빨리 사라지는지 알지 못하기 때문에 집중적인 연습이 생산적이라는 인상만 남게 된다.

시험은 한 달 뒤에 본다
_즉각 반복 착각

　　　　　사람은 단기 기억과 장기 기억으로 나눈다. 내일 보는 쪽지 시험이나 암기 과목은 그래도 단기 기억으로 어느 정도 유지할 수 있지만, 영어나 수학 같은 과목 시험과 고학년이 될수록 시험에선 장기 기억이 훨씬 더 필요하다. 수능은 말할 것도 없이 장기 기억을 활용하여 보는 시험이다.

　단기 기억은 주로 해마에서 담당하는데, 그 옆에는 편도체라는 것이 있다. 편도체는 감정에 크게 좌우되기 때문에 기분이 나쁘거나 야단을 맞으면 해마가 잘 작동하지 않아 잘 외워지질 않는다. 그래서 엄마들이 자녀에게 잔소리를 하지 말아야 되는 것이다.

　집중 연습과 즉각 반복은 단기 기억에 의지하기 때문에 벼락치기나 학습량이 많지 않은 중학교 내신에는 효과가 있을지 몰라도 장기 기억에 의지하는 모의고사나 수능 또는 학습량이 넘치는 고등학교 2~3학년 내신 시험에서는 완전히 망친다. 그래서 중학교 공부 잘하는 학생이랑 고등학교 공부 잘하는 학생이랑 일치하지 않는다. 모든 학습은 일정 주기에 (하루 뒤, 일주일 뒤, 4주 뒤, 시험 보기 전) 맛취 네 번 이상 반복해야 장기 기억으로 전환된다.

이 네 번 반복도 학습 자료가 모국어로 된 경우이고 만일 영어라면 최소 10~15번 반복해야 자기 것으로 된다. 그것도 단순 집중 반복이 아니라 순서를 뒤바꾼다던지 여러 가지 변형시키는 교차 반복이어야 효과를 본다. 이것은 엄마들도 자녀의 영어 단어장 외우게 할 때 경험해 보았을 것이다. 집중적으로 외우다 보면 그 단어를 아는 게 아니라 기계적으로 그 순서를 외워 순서를 좀 바꾸면 고개를 갸우뚱거린다. 만일 집중 학습이 아니라 순서를 바꾸는 등 다양한 형태의 교차 학습을 시켰다면 이런 경우가 발생하지 않는다.

집중 학습과 즉각 반복이 우리 주변에 얼마나 많은지 살펴본다.

어느 학원에서 행해지는 '하루에 단어 50개 암기! 외우지 않으면 집에 귀가시키지 않는다.' 이것은 뇌 과학을 모르는 엄마들한테는 환상일지 모르지만 이것은 완전히 자녀의 뇌를 파괴하는 것이다. 만일 학원 갈 때마다 50개씩 외웠다면 그럼 1년이면 수능에 나오는 영어 단어를 모두 외웠어야 하는데, (수능 영어 단어는 6,000~8,000개) 실제는 제자리를 맴돌 뿐이다.

연관 고리 없이 집에 가기 위해서 집중적이고 즉각 반복을 통해 외웠기 때문에 2~3일 내에 모두 잊어버리는 것이 당연하다. 고통스럽게 외웠지만 기억 되지 않는 공부를 한 자녀들은 자연스럽게 좋지 않는 기억과 감정만 남게 된다. 만일 그 학원이 일정 주기를 두고 다양한 방법인 교차 학습으로 반복했다면 결과는 달라질 것이다.

어쨌든 해마를 거쳐 단기 기억으로 저장된 내용들은 그 중요도에 따라 장기 기억화 되기도 하지만 거의 대부분은 잊어버린다. 이때 장기 기억으로 저장하기 위해 필요한 것이 반복과 숙면이다. (대입 수석들의 잠을 충분히 잤다는 말은 과학적 근거가 있다.) 그런데 이 반복도 즉각 반복이 아니라 [하.일.사.시(하루 뒤, 일주일 뒤, 4주 뒤, 시험 전)] 주기 반복이 훨씬 효과적이다.

다음에 나오는 에빙하우스의 망각곡선을 보면 이해가 갈 것이다.

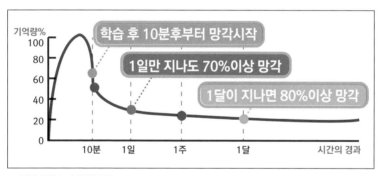

▲ [에빙하우스의 망각곡선]

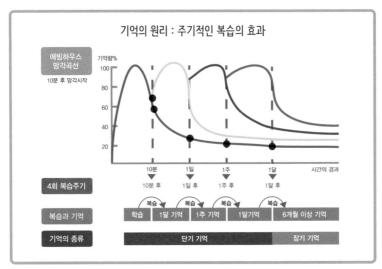

▲ [복습을 할 경우]

기억의 비밀을 아시나요?

일반적으로 사람들은 어떤 것을 공부하든지 10분이 지나면 그것을 잊어버리기 시작해서 1시간 뒤에는 암기한 것의 50%를 잊어버린다. 하루 뒤에는 70%를 잊어버리고, 한 달 뒤에는 80%를 잊어버린다. 이렇게 감소하는 기억을 장기 기억(LTM: Long Term Memory)으로 영구히 보존하기 위해서는 단순 반복이 아닌 교차 반복이 가장 효과적인 방법이다. 또한 이런 교차 반복은 즉각 반복이 아닌 [하.일.사.시 (하루 뒤, 일주일 뒤, 4주 뒤, 시험 전)] 주기 반복일 때 효과적이다.

결국 공부를 열심히 하지만 성적이 오르지 않는다는 것은 기억을 단기 기억에서 장기 기억으로 전환시키지 못한다는 것이고, 이

말은 체계적인 복습 시스템을 구축하지 않았단 말이다. 그런데 장기 기억에 문제만 있을까? 집중 학습과 즉각 반복 학습이 단지 단기 기억만 형성해서 나쁘다는 게 아니라 이것도 여러 번 주기적으로 반복시키면 장기 기억으로 만들 수 있다. 그런데 왜 실전에서 그렇게 효과를 보지 못할까?

집중 학습과 즉각 반복은 실수를 현저히 줄인다. 그러나 실수 없는 학습은 맹신이다. 실전에서 효과는 평상시 실수를 메우는 과정에서 나타나는 것이다. 그래서 초등학교 때 엄마들이 수학을 가르치면 안 된다. 보통 4학년 1단원이 100~120문제 정도인데 보통 처음에 10~20개 틀리고 다음번에 6개 그 다음번에 1~2개 틀린다. 그럼 이때 엄마가 머리를 쥐어 받거나 한마디 한다.

컴퓨터는 실수가 없지만 사람은 실수를 할 수밖에 없다. 대신 생각을 한다. 이 생각은 정서 즉 감정에 기반을 둔다. 당연히 이성(공부)이 작동을 하지 않는다.

아기가 걸을 때 무수히 넘어진다. 만일 넘어지는 것이 무서워서 기어만 다닌다면 걸을 수가 없다. 그럼 장기 기억의 효과 있는 실수를 위해서 단기 기억 중심인 집중 학습과 즉각 반복에서 탈피하여 교차 학습과 [하.일.사.시(하루 뒤, 일주일 뒤, 4주 뒤, 시험 전)] 주기 반복을 해야 되는 것은 알겠는데 구체적으로 평상시 어떻게 공부를 시켜야 될까? 그 답은 바람직한 어려움을 동반한 시행착오(실수)를 많이 겪게 하는 것이다. 공부에서 실수는 바람직한 것이다. 실전에서만 실수가 없으면 되는 것이다. 실전에서 실수가 없으려면 평상시 실수를 통해 완전 학습으로 가는 방법을 터득해야 된다.

가르침에는 고난과 끈기가 필요하다

문제가 틀렸을 경우 해답이나 해법을 보기 전에 '답'을 생각해 내려고 노력하거나 문제를 풀려고 노력하면 기억이 오래가거나 재구성이 된다. 그러나 다 차려진 밥상만 받았던 학생들은 거부감부터 보인다.

이런 학생들을 설득시키며 학습에서 나타나는 실수를 실패가 아니라 교훈이자 완벽한 숙달로 나아가는 전환점으로 여긴다. 또 실수에 대해선 곧바로 피드백을 해준다. 그러나 이 피드백은 팁을 주거나 가이드해줄 뿐이지 직접 가르쳐주거나 풀어주지는 않는다.

피드백 과정 속에 철저하게 충분히 헤맬 수 있는 기회와 시행착오를 염두에 두고 그 과정을 피하는데 중점을 두는 것이 아니라 그 과정 속에서 깨닫게 만든다. 학생들이 실수를 하고 그것을 바로잡아 주는 피드백을 받으면 실수는 학습되지 않는다. 실수는 더 잘하는 방법을 찾는 과정에서 일어나기 때문에 실수 없는 학습은 존재하지 않는다. 다만 어떻게 하면 실전에서 실수하지 않을까?

이런 질문 아래 실수에 대해서 어떻게 학생들이 좌절하지 않으면서 꼼꼼하게 피드백해 주는 문제만이 존재할 뿐이다. 여기서 직접 지도하는 엄마나 일반 학원 강사들과의 확연한 차이점이 존재한다. 「마녀쌤」은 학생들의 실수를 오히려 반기고 이것을 완전 학습으로 가는 전화위복의 기회로 만들어 준다. 한마디로 "길을 헤매 본 자만이 길을 제대로 안다."라는 신념을 가지고 학습에 임한다.

아는 것과 모르는 것을 확실히 구분하여 모르는 것을 스스로 노출시키는 것이 창피하지 않고 당당한 분위기를 만들어서 부족할 경우는 스스로 일대일 학습 도우미 신청할 수 있게 (같은 학년 중에서 먼저 들어온 학생을 붙여 모르는 부분을 스스럼없이 물어볼 수 있게 함) 한다든지 배려를 동반한 거꾸로 교실을 통해 (모르는 부분을 가장 잘 이해시킨 팀이 우승) 재미를 동반한 학습을 추구한다.

＊

「마녀쌤」의 비밀 병기는 바람직한 어려움(desirable difficulties)을 동반한 시행착오를 학습에 도입하여 학생들을 심층 연습(deep practice)으로 이끄는 점이다. 이는 말은 쉬워도 실천하기는 무척 어렵다. 학생들이 어려움에 성공적으로 대처할 배경지식이나 기술이 없다면 그 어려움은 바람직하지 못한 어려움이 되기 때문이다. 한마디로 바람직한 어려움은 학습자가 노력을 더 했을 때 극복할 수 있는 정도여야 된다. 그러나 극복할 수 있을 정도를 가늠하는 건 교육의 경험자만이 가능하다.

3 착각의 시정

잘못된 학습 방법인

1 유창성 착각(fluency illusion) : 안다고 착각하는 것.

"우리 애는 열심히 하는데 항상 80점대에서만 맴돌아요"

이런 학생들은 "아! 이건 내가 아는거야!" 하며 유창한 것을 내용에 숙달한 것으로
착각하는 '유창성 착각'을 하는데서 일어납니다.
유창성 착각은 2가지가 이유가 있습니다.

1. 모른다고 하면 또 가르치기 때문에 귀찮아서 안다고 말하는 것이죠!
2. 아이들은 정확히 알고 있는 게 아니라 한 번 들어본 적이 있거나 배운 적 있을 때도
   '안다'는 표현을 쓴다는 사실을 알고 계셔야 합니다.

2 집중 연습 착각

교차학습 〈 집중연습 (X)
교차학습 〉 집중연습 (O)

집중 학습과 즉각 반복은 그 때 그 장소에만 통할 뿐 실전에는 큰 도움이 되지
않습니다.
예를 들어 타자가 직구 50개, 너클볼 50개, 체인지업 50개 이런 식으로 150개를 세
유형으로 집중 연습하면 연습할 당시에는 그 유형에 대해 마스터 한 것으로 보이지만
실전에선 이런 식으로 한 종류의 공이 연달아 나오지 않기 때문에 별 쓸모가 없습니다.
오히려 150개를 섞어서 연습했더라면(교차 연습) 연습할 때는 힘들지만(이것이 바로 "
바람직한 어려움"이라는 것입니다) 실전에서는 확실한 효과를 봅니다.

3 즉각 반복 착각

하.일.사.시. 주기 반복(하루 뒤, 일주일 뒤, 4주 뒤, 시험 전)으로 학습합니다.

집중 연습과 즉각 반복은 단기기억에 의지하기 때문에 벼락치기나 학습량이 많지 않은 중학교 내신에는 효과가 있을지 몰라도 장기 기억에 의지하는 모의고사나 수능 또는 학습량이 넘치는 고교 2~3학년 내신 시험에서는 완전히 망칩니다. 그래서 중학교 공부 잘하는 아이랑 고등학교 공부 잘하는 아이랑 일치하지 않습니다. 모든 학습은 일정주기(하루 뒤, 일주일 뒤, 4주뒤, 시험보기전)에 맞춰 네 번 이상 반복해야 장기 기억으로 전환됩니다.

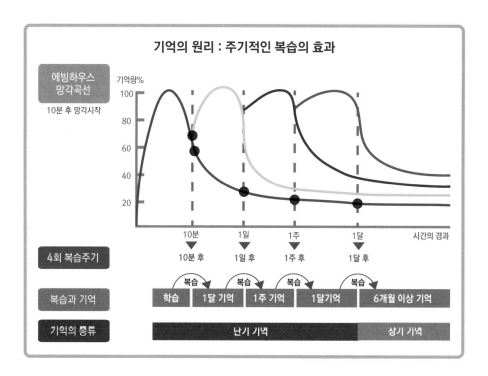

기억의 원리 : 주기적인 복습의 효과

에빙하우스 망각곡선

10분 후 망각시작

4회 복습주기

복습과 기억

기억의 종류

시험 볼 때 진가를 발휘해야 제대로 된 선행
_수학은 나이 대에 맞는 인식의 한계가 있다

초등학교 때 수학을 중학교 3년이나 고등학교 1년 과정까지 끝내 놓은 학생들이 강남이나 분당에는 많다. 그럼 '이런 학생들이 SKY를 많이 갔나?'하면 아니다.

만일 대학교 입시인 수능의 수학을 초등학교 때 치른다면 이 학생들이 훨씬 유리했을 것이다. 그러나 수능은 고등학교 3학년 11월에 실시한다. 앞에서 보듯 집중 학습과 즉각 반복을 통해 단기 기억 위주로 공부한 학생들이 고등학교에서는 안다고 하는 유창성 착각만 남을 뿐 실질적인 문제 해결력이 남아 있지 않다.

이런 학생들이 연결 고리를 가진 영역별(수, 연산, 관계, 측도, 도형)로 공부했다면 다른 결과가 나왔을 것이다. 초등학교는 1학기 수업과 2학기 수업은 철저히 연관되어 있지만 중학교 과정은 1학기와 2학기가 철저히 분리되어 1학기는 수, 연산, 관계이고 2학기는 도형으로 이루어져 있다. 중학교 1학년 1학기를 마친 후 2학기를 선행하면 1학기 배운 수, 연산 과정은 모두 잊어버린다.

오히려 중학교 1학년 1학기를 마치고 2학년 1학기 3학년 1학기로 나아가는 것이 더 낫다. 실질적으로 교차 학습과 [하.일.사.시(하루 뒤, 일주일 뒤, 4주 뒤, 시험 전)] 주기 반복으로 공부를 하면 6개월에서 1년 밖에 선행을 할 수 없다. 이렇게 선행을 하는 학원들은 얇은 교재로 수박 겉핥기식 공부를 시키고 있는 것이다.

기본, 심화 또는 기본, 심화, 경시 이렇게 반을 조각내고 최소 2개 이상 코스를 듣게 만든다. 현재 있는 학원생들에게 최대의 수업을 듣게 해서 수익을 최대화시키는 것이다. 기가 막히는 건 아무 쓸모 없는 경시를 위해 자신 자녀가 수학을 잘해서 '경시반'에 들어갔다고 좋아하는 학부모를 보면 그 학생의 암담한 미래가 오버랩 되어 안타까운 마음에 조언을 해줘도 '쇠귀에 경 읽기'인 엄마들이 부지기수다. 이렇게 단언하는 이유는 수능 이과 수학에 경시대회 준비가 아무런 쓸모가 없기 때문이다.

그 학부모에게 질문을 먼저 해보고 싶다.

"어머님 목표가 수학자 만드는 겁니까? 아님 수능 이과 수학에서 만점 받는 겁니까?"

수학 학원장들도 수학 경시대회가 시간 대비 비효율적이란 걸 다 안다. 실제로 수학 올림피아드대회 입상자 출신 대학생들과 얘기를 나눠 본적이 있다. KMO 금상을 받고 서울과학고를 졸업한 학생은 본인이 SKY 못가고 한양대를 (물론 한양대도 좋은 대학입니다만) 간 이유는 "수능 수학만 준비하면 되는데 영어 준비할 시간에 수학 경시에 너무 시간을 뺏겨 전술에는 이겼어도 전략에서 실패했다."고 뒤늦게 후회를 했다.

선행에도 순서가 있다

이런 학생 여러 명을 보았다. 수학 학원장들이 이걸 모를까? 다 알지만 수학 학원에선 수학 하나만 깊게 아주 잘 하길 원하고 또 그게 수익과 직결되니 어쩔 수가 없는 것이다. 간혹 가다 제대로 수학 선행을 한 학생도 있지만 그런 경우 다른 영역(국어나 영어 등)이 부족한 경우가 태반이다. 지금처럼 수학이 어렵지 않게 출제되어, 전 영역에서 실수하지 않는 것이 대입 합격의 관건인 수능 시험에선 특히 전략이 중요하다. 그러나 초등학교, 중학교 엄마들은 이 점을 잘 모른다.

경기도 죽전 보정고등학교 3년 박선영을 가르칠 때 일이다. 6월 모의고사에서 영어 3등급이라서 개인 과외 요청이 들어왔다. 선영이는 국어를 잘해서 가장 부족한 영어는 주 3회, 수학 과외는 주 1회(문과임)였다. 사회탐구는 주 2회(고3, 6월 이후는 사탐에 신경 써야 돼서) 이렇게 공부를 시켰는데, 주 3회 중 주 2회는 무조건 주말을 넣었다. 그리고 최소 1회당 4시간 이상이었다. 처음부터 안 받겠다고 해서 일주일에 12시간 이상 영어 공부를 시켰다. 아마 수학 선생님 그리고 사탐 선생님도 어떻게든 자기 시간을 확보하느라 발버둥을 쳤다. 그래야 성적이 오르니까. 결과는 영어 만점, 수학 만점, 사탐 만점 그러나 가장 자신 있다던 국어에서 4개 틀려서 엄마는 수능 끝난 다음 날 병원에 입원했고 선영이는 성균관대 통계학과에 합격했지만 지금 휴학하고 재수 중이다. 엄마가 전체를 제대로 코디했다면 서울대는 힘들어도 최소 연세대는 가능한 학생인데 안타깝게 된 것이다.

과외를 맡으면 하루 종일 또는 최소 4시간을 요구하는 이유는 모든 공부는 1시간을 배우고 나면 2~3시간을 본인이 익히는데 투자하지 않으면 아무런 소용이 없다. 수학은 특히 더 심해서 수학 1시간 수업을 들으면 이것을 자기 몸에 배게 하는데 최소 3~4시간 이상이 필요하다. 그런데 학원 돈 벌어주느라 한 타임도 아니고 2~3타임 수업 듣게 하면 아무런 소용이 없고 다만 엄마의 불안감만 해소시켜 준 것이다. 선행을 시키려면 영어와 국어 어휘력(한자와 책읽기)부터 시켜야 된다. 그리고 나서 수학을 시켜야 된다. 만약 책읽기가 제대로 되어 있지 않는 학생이 수학 선행에 '올인'한다면 나중에 문장 문제나 스토리텔링 수학에서 발목을 잡힌다. 또한 수학은 나이 대에 맞는 인식의 한계가 있기 때문에 과도한 수학 선행은 백해무익하다.

실제 교육부에서 중학교 극상위권 학생들과 고등학교 2학년 3~4등급 정도의 학생을 놓고 미적분을 가르쳐서 테스트를 해본 적이 있다. 결과는 예상외로 고등학교 2학년 학생들이 훨씬 더 잘 핵심 개념들을 이해했다.

부모가 모르면 갈팡질팡

고등학교 1학년은 고등 수학에 맞게 학생들의 관점을 바꿔야 하는 단계이고, 고등학교 2학년은 개념 학습한 것을 적용하는 단계이다. 익힌 개념을 적용시킨다는 것은 문제를 풀 때 올바른 전략을 가지고 접근하는 것이다. 학생 나이 대에 맞는 인식의 한계가 존재하기 때문에 고등학교 2학년 학습 부담을 줄이기 위해선 중학교 3학년부터는 체계적인 수학 선행을 해야 된다. 즉 고등학교 2학년 과정에서 수능 전 영역의 교과 진도를 진행하므로 1학년 때 어느 정도의 선행으로 2학년 학습 부담을 확실히 줄일 필요가 있다. 그러기 위해서는 중학교 때 영어와 국어를 위한 독서를 끝내놔야 된다. 그리고 중학교 3학년에서 고등학교에 진학할 때부터 수학에 '올인'해야 된다.

영어와 국어는 언어이기 때문에 심화를 해도 학생이 따라갈 수 있다. 수학은 다르다. 그러나 수학 학원들의 상술에 말린 엄마들은 초등학교 고학년부터 수학 선행에 열을 올린다. 어떤 학생은 초등학교 6학년 때 고등학교 1학년 수학 나간다고 자랑하기도 한다. 그러나 이 엄마만 모르고 있지 실제 이 아이는 지방대 예약한 학생이다. 교육 체계를 잘 모르고 수학 학원 상술에 놀아난 엄마 때문에 말이다. 만일 이 학생이 영어나 한자를 다 끝내고 이렇게 수학 선행을 했다면 이 아이는 천재이다. 그야말로 1만 명 또는 10만 명 중에 하나 나오는 학생이다.

부모만 모르고 있지 보통 우리 자녀들은 평범하다. 이 엄마가 잘못한 것은 선행의 순서가 바뀌었다는 것이다. 자라나는 자녀의 뇌구조를 모르고 시킨 것이다. 여기서 착각하지 말아야 될 것은 과도한 수학 선행을 시키지 말라는 것이지 반학기 내지 1학기 정도 앞서는 수학 선행은 필수이다. 꼼꼼히 기본기를 다지면서 반학기 내지 1학기 앞서가다가 중학교 3학년부터 본격적으로 수학 선행에 들어가야 된다. 따라서 제대로 SKY준비를 하려면 늦어도 중학교 2학년 겨울방학까진 고등학교 영어를 끝내놔야 중학교 3학년부터 제대로 된 수학 선행을 들어갈 수 있다.

중학교 3학년 수학과 고등학교 수학1은 기본 개념이 동일 선상에서 출발하므로 같이 공부하는 것이 좋다. (단 수학의 기본이 갖추어진 학생에 한해) 만일 중학교 1~2학년 때 수학의 기초가 잡혀 있지 않다면 이 부분부터 확실히 다지고 중학교 3학년 과정을 들어가야 된다.

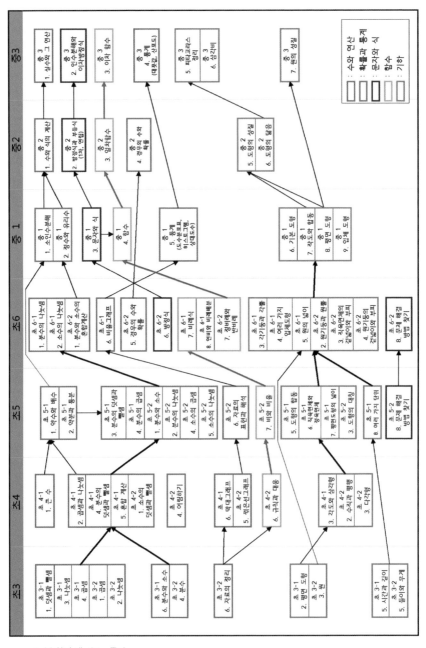

▲ [수학의 맵-초1~중3]

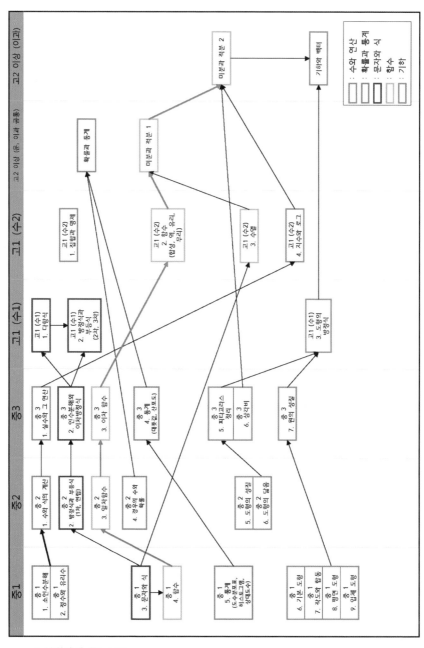

▲ [수학의 맵-중1~고3]

2. 자기주도 학습은 독학이 아니다

_우리 아이 몸에 배야 되는 3체화

"오답정리는 최상위권 학생들이 제일 열심히 한다.
틀린 문제는 또 틀리기 때문이다."

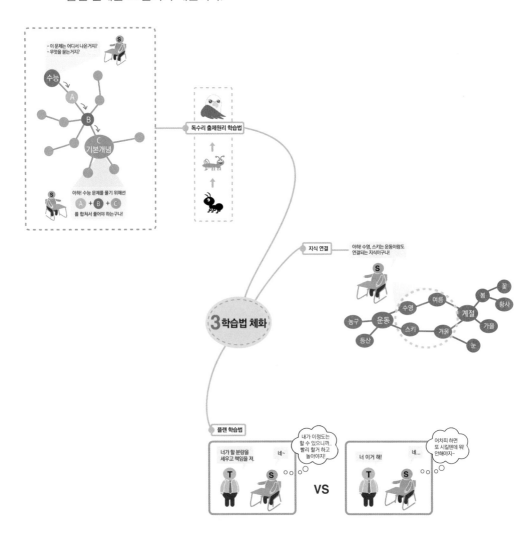

■ 근거 없는 지식은 지식이 아니다
_지식 연결 학습법

아직까지 부모 세대는 학력고사가 많다. 학력
고사는 단편 지식을 묻기 때문에 무턱대고 외우면 가능했다. 그러
나 문제 해결력을 묻는 수능은 다르다. 먼저 수능이 어떤 방식으로
출제 되는지 알아보겠다.

㉠모든 지식은 연관되어 있다. 따라서 주입식 교육, 단편적 지식
은 고착화되기 어렵다.

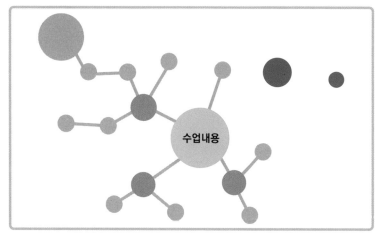

▲ [그림-지식 연결 학습법-㉠]

ⓛ수능은 유추 및 추론하게 3~5단계 응용된 내용이 출제되기 때문에 연결 고리를 가지고 공부하는 것이 중요하다. 예를 들어 오지선다형(伍枝選多型)이라 해도 수업 내용에서 선으로 연결되어 있는 4개의 둥근 원이 보기로 출제되고 선 연결이 안 되어 있는 하나의 원이 출제되는 방식이다. 따라서 수능에서는 틀린 답이라도 학생이 어디 연결 부분이 잘못됐는지 파악할 수가 있다.

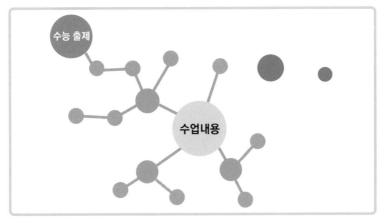

▲ [그림-지식 연결 학습법-ⓛ]

ⓒ수능 출제가 최소 3단계 이상 응용된 것이 출제되는 반면에 학교 내신은 1~2단계 응용된 것이 출제되기 때문에 단기 기억에 능한 학생들이 고득점을 받는다. 그래서 고등학교 내신과 수능 성적은 일치하지 않는다.

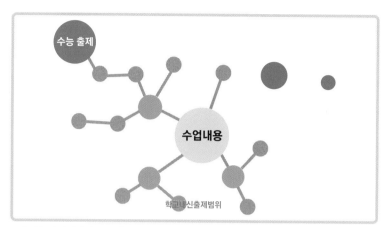

▲ [그림-지식 연결 학습법-ⓒ]

ⓓ학력고사는 단편적 지식을 묻기 때문에 고등학교 때만 정신 차려도 SKY가 가능했지만 수능(장기 기억)은 연결 고리를 차근차근 쌓아가는 학생이 유리하다.

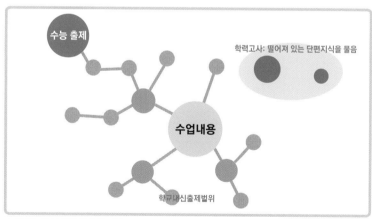

▲ [그림-지식 연결 학습법-ⓓ]

새로운 내용은 이미 알고 있는 지식과 더 많이 연결해서 그 새로운 내용을 더 확실히 배울 수 있게 하고 나중에 떠올리기 쉽게 단서들을 만들면서 공부해야 한다. 따라서 학습의 모든 출발점은 연결 고리를 가진 부분부터 복습하는 것으로 출발해야 된다. 예를 들어 중학교 3학년 수학 이차함수를 공부할 때 중학교 1학년의 함수과정과 중학교 2학년의 일차함수부터 개념을 다시 확인하고 이차함수 직전에 배운 이차방정식까지 공부를 복습시키고 나서 중학교 3학년 이차함수를 들어가야 된다.

이렇게 공부를 시키는 것이 처음에는 느린 것 같더라도 실제로는 훨씬 빨리 익힐 수 있다. 특히 새로운 학년으로 올라갈 때는 이전에 공부했던 것을 총 복습하고 들어가는 것이 더 효율적이다.

보통 학원에 가면 레벨 테스트를 통해 분반이 된다. 그리고 그 반 학생들이 모두 한 교재를 통해 획일화된 진도를 나간다.

「마녀쌤」의 비밀 병기 --

수능 고득점을 향한 준비

연결 고리 지점부터 출발하는 개별화 맞춤 과정을 통한 개별 로드맵을 짠다. 영어와 수학은 기반 학습(기초가 있어야 되는 학습)이기 때문에 중학교 2학년 이상이 되면 반드시 그 학생에 연결 고리에 기반을 한 로드맵을 짜야 효율적인 학습이 가능하다. 그러나 대량 생산 대량 판매 방식인 학원에서는 이렇게 개별적으로 하기 힘들고, 일주일에 2~3번 하는 과외로는 절대적인 학습 시간이 부족하기 때문에 중

힉교 2학년 이상부터는 성적 올리는 것이 힘들고 고등학교 때가 되면 영영 회복하기 어렵다.

지식 연결법 스킬

■용어 정리 학습법: 먼저 새로운 단원을 들어가면 모르는 단어에 형광펜으로 칠한 후 국어사전(LBH출판사에서 나온 『초중교과 속뜻학습 국어사전』이 좋다: 이 사전은 한자를 정확히 풀어서 설명하고 꼭 필요한 뜻만 정리되어 있으며 한영사전까지 겸할 수 있다.)에서 찾아 정리한 후에 암기한다. 교과서의 많은 단어가 한자어다. 특히 국어, 영어, 수학, 과탐, 사탐 등 주요 과목은 더 심하다. 영어 문법만 하더라도 부정사(不定詞; 아닐 부, 정할 정, 품사 사: 품사가 정해지지 않는 것 따라서 명사적, 형용사적, 부사적 용법이 있음) 중학생들에게는 다락원에서 나온 『출발부터 남다르게 중학교 내신 한 권으로 잡는 어휘집: 출중한 어휘집』을 찾아서 정리하는 편이 좋다. 실제로 기초가 없다는 학생들은 용어 정리가 되지 않은 채 공부를 하기 때문에 처음부터 공부에 흥미를 가질 수 없다.

엄마가 바뀌면 아이는 스스로 간다 **공부 철칙**

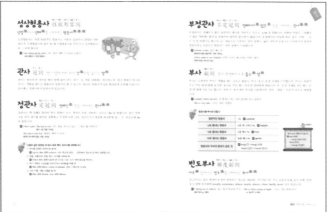

2 이미지 연상 학습법: 개념을 그림으로 풀어 연상하는 방법이다. 그림에 대한 기억이 글자에 비해 2배 이상 오래가고 하나의 이미지로 모든 걸 설명할 수 있다는 장점이 있다. 예를 들어 뜻이 여러 개 있는 다의어 같은 경우 한 단어가 가진 여러 뜻들을 하나의 스토리로 엮어 한 컷의 이미지에 표현함으로써 학습자는 한 개의 이미지만으로도 그 단어가 가진 뜻들을 모두 학습할 수 있다.

보기) surf n. 1. 파도 v. 2. 파도를 타다 3. 정보를 검색하다

밀려오는 파도	**:1. 파도**
파도를 타는 서퍼	**:2. 파도타다**
스마트폰으로 정보를 검색하는 모습	**:3. 정보를 검색하다**

3 마인드맵 학습: 마인드맵을 제대로 이해하고 완전히 활용하는데 6개월 정도 걸린다. 마인드맵을 암기 과목에만 사용한다고 생각하는 분들이 많은데 실제로는 영어와 수학 과목이 더 효율적이다. 그나마 영어 마인드맵은 그래도 이해하는데 수학을 마인드맵으로 한다고 의아하게 생각할 수 있다. 그러나 단원별로 3단계로 정리하면 큰 도움이 된다.

(1단계: 개념+원리, 2단계: 유형, 3단계: 개념+원리+유형)

[영어/수학 마인드맵 단계별]

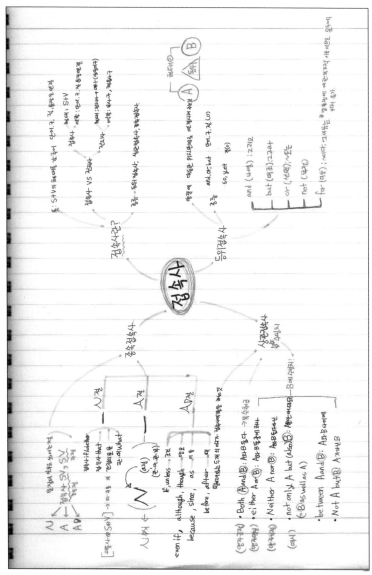

▲ *1단계: 개념+원리, 2단계: 유형, 3단계: 개념+원리+유형

엄마가 바뀌면 아이는 스스로 간다 **공부 철칙**

▲ 1단계: 개념+원리, ***2단계: 유형**, 3단계: 개념+원리+유형

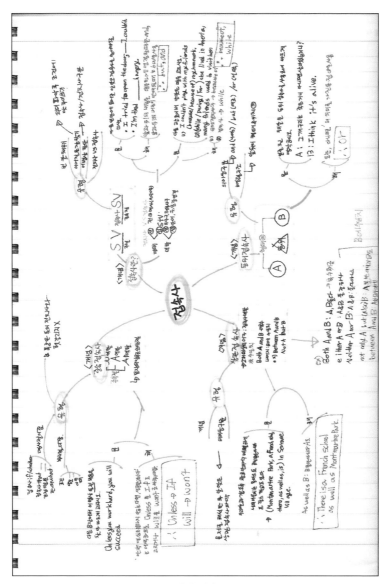

▲ 1단계: 개념+원리, 2단계: 유형, *3단계: 개념+원리+유형

[영어/**수학** 마인드맵 단계별]

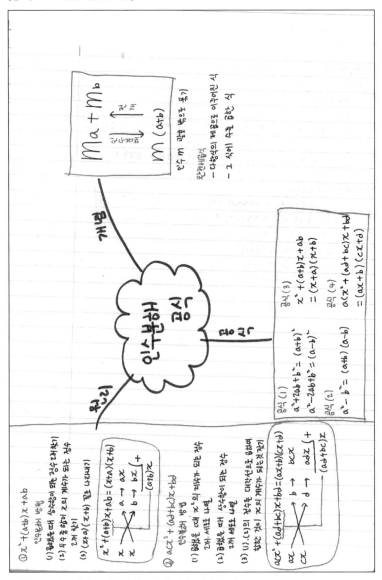

▲ *1단계: **개념+원리**, 2단계: 유형, 3단계: 개념+원리+유형

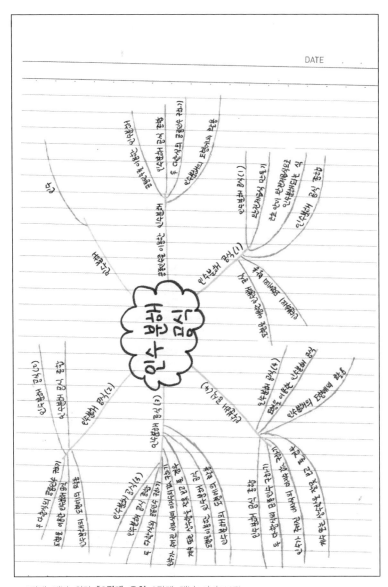

▲ 1단계: 개념+원리, **2단계: 유형**, 3단계: 개념+원리+유형

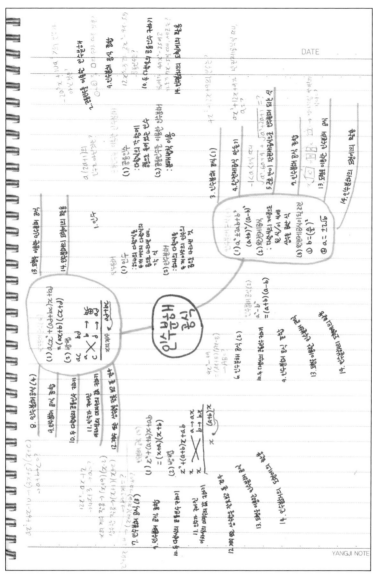

▲ 1단계: 개념+원리, 2단계: 유형, **3단계: 개념+원리+유형**

■ 실천 불가능한 목표는 고문이다
_일주일 플랜 학습법

        서울대 심리학과 최인철 교수는 플라톤 아카데미가 주최한 고려대 인문학 강좌에서 행복의 3요소를 '자유', '유능(인정과 지지)', '관계'라고 했다.

  이런 관점에서 보면 학생들은 절대 행복해 질 수 없는 환경에서 공부를 할 수밖에 없다. 보통 학생들은 자발적 의지라기보다 학원이나 선생님이 정한 진도에 의해 공부를 한다. (자유의 부재) 모르거나 틀리면 호통과 질책을 받고 (유능-인정과 지지의 부재), 부모님은 학업에만 관심을 가진다. (관계의 부재) 그러나 즐겁지 않으면 장기적으로 공부의 성과는 기대하기 어렵다.

「마녀쌤」의 비밀 병기 ---

왜 일주일 공부일까?

행복의 3가지 요소를 충족시켜 주면서 공부시키는 것이 「마녀쌤」의 다른 점이다. 학생 스스로가 짠 일주일 개별 진도에 맞춰 (처음 3개월 간 「마녀쌤」과 같이 짜나 3개월 이후에는 학생 스스로 짠다.) 공부를 하는데 실제로 학생이 계획표를 제대로 짜는데 3개월 이상 시행착오를 겪는다. 어른들도 계획을 세우는 게 쉽지 않은데 하물며 사춘기 중학생이 이런 시행착오를 겪는 건 당연하다.

엄마나 선생님들은 이 기간을 기다리지 못하고 학습에만 치중한다. 그러면 '맨날 그 나물에 그 밥이 되는 것'이다.

왜 분기 또는 한 달 계획이 아니라 일주일 공부일까?

학생들에게 너무 긴 (한 달) 계획은 무의미하다. 그 주 (월~토) 못한 게 있다면 일요일 등원해서 끝내게 되어 있다. 그래서 일요일 쉬려면 열심히 하지 않으면 안 된다. 물론 일주일 계획을 세우고 모두 달성하면 그날부터는 본인 뜻대로 놀거나 다른 것을 해도 된다. 여기서 엄마나 선생님들이 저지르는 실수가 있다.

학생들에게 "왜 멍 때리니?" 물어보면 "빨리 끝내면 엄마가 또 시켜요."한다. 자녀가 열심히 해서 끝내면 눈 딱 감고 놀게 해줘야 된다. 그래야 신뢰도 생고 놀 생각에 집중해서 끝낸다. 물론 개발새발 끝내면 그건 다시 해야 된다. 하지만 열심히 해서 끝냈는데 또 시키면 학습된 무기력감에 빠지게 된다. 뭘 해도 쉴 수 없는 사람은 기계가 아니다. 성취감을 느끼고 또 거기서 기쁨을 느껴야 계속할 수가 있다.

337공부 뇌 훈련에서는 일주일 플랜은 달성했을 때의 상과 미달성 시의 벌 등 일주일의 모든 것을 담고 있다. 만일 특정 요일 놀고 싶다면 분산해서 다른 날 먼저 끝내면 된다.

＊

일주일 학습 플랜을 짜라고 하면 처음에는 난감해 한다. 먼저 목표 대학과 전공을 설명하고 학생 수준에 맞춰 하나하나 짜주어야 한다. 이것이 1단계이다.

공부하는 태도나 자세도 전혀 잡혀있지 않기 때문에 동기부여 프로그램까지 함께 짜주어야 된다. 이렇게 3개월이 지나면 본인이 짜고 피드백만 해도 되는 단계가 된다. 여기가 2단계이다.

본인이 완벽히 스케줄 관리가 가능하면 3단계 수준이 되는데, 이 단계까지는 보통

2년 이상이 걸린다. 일주일 학습 플랜은 공부할 때마다 옆에 두고서 공부가 끝날 때마다 체크를 한다. 이렇게 정리된 학습 플랜을 보면 일주일 공부한 모든 것을 한 눈에 알아볼 수 있기 때문에 부족하거나 하지 않는 것을 쉽게 알아볼 수 있다. 이것을 보고 일요일 등원 여부를 파악한다.

2월 3째주 학습계획표 (2/16~2/21)

	이름		이번 주 나를 이끌 한마디		한 주를 되돌아 보며	
	예비중등. 2학년 ○ 이 수 경	· 성과 별 달성 시 : 예능 1편 ○ 미달성시 : 줄넘기 500개	· 이번 주 목표 할 것을 다 끝낸다 (○) 설 연휴 효율적으로 보내기 (○)		수학 오답노트 (V) 수학 마인드맵 (V) 영어 오답노트 (V) 영어 마인드맵 (V)	

날짜	2/16 (월)	2/17 (화)	2/18 (수)	2/19 (목)	2/20 (금)	2/21 (토)
영어 학습 내용	· To 부정사 (2~42) · 노트필기 (V) · G.Q 28 un. 28-31 (-)·28 (V)(V). 29 (V)(V) (-) (-)30 (V)(V) 31 (V)/(V) (-) · 문제풀이, 오답 · 보충: 기출트렌드 문제 3개 Unit 5 (V)쪽 Unit 6 · 영품보카 Day3~4 (V) · 시험(V)재시험(V) · 재시험 (V)	· 동명사 (5~62) · 노트필기 (V) · G.Q 28 un. 32,33 · 문제풀이, 오답 (-)·32 (V)(V).33 (V)/(V) (-) · 보충: 기출트렌드 문제 3개 Unit-3 쪽 (V)(-2) · 영품보카 Day35 (V) · 시험 (V) · 재시험 (V) (-0)	· 분사, 분사구문 (7~82) · 노트필기 (V) · G.Q 3A un. 22-24 · 문제풀이, 오답 22 (V)(V). 23 (V)/(V) 24 (V)(V) (-3) · 보충: 기출트렌드 문제 · 영품보카 Day56 (V) · 시험 (V) (-1) · 재시험 (V)		· 관계대명사,관계부사(9-11강) · 노트필기 (V) · G.Q 28 un. 29-31 · 문제풀이, 오답 29 (V)(V). 30 (V)/(V) 31 (V)(V) (-5) · 보충: 기출트렌드 문제 · 영품보카 Day4 (V) (-0) · 시험(V) (-0) · 재시험 (V)	· Voca Test (V) · 주말 Test (X) · 오답노트 (V) · 이면지 오답 (V)
수학 학습 내용	· 부등식 활용 · TEST 점수 (V) 15/15 · 오답 (V) · 셀 B단계 풀이 (V) · 문제풀이 (V) · 이면지 오답 (V) · TEST 점수 (V) 13/14 · 오답 (V) · 개념유형 M.m (V)	· 일차함수 & 그래프 1 · TEST 점수 (V) 16/16 · 오답 (V) (-0) · 셀 B단계 풀이 (V) · 문제풀이 (V) · 이면지 오답 (V) · TEST 점수 (V) 14/16 · 개념유형 M.m (V)		· 일차함수 & 그래프 2 (계속 8 까지) · TEST 점수 (V) 9/9 · 오답 (V) · 셀 B단계 풀이 (V) (-0) · 문제풀이 (V) · 이면지 오답 (V) · 개념유형 M.m ( )	· 주말 Test (X) · 오답 (V) · 이면지 오답 (V)

연세대학교 정신의학과 20 학번

자기주도 학습계획표
2013년 11월 27일 목요일

시작시간 (00:00)	끝시간 (00:00)	과목	공부할 단원 내용
4:15	4:30	수	
4:30	5:45	수	
	6:30	영	
7:30	8:20	영	
8:30	10:30	수	

오늘의 평가

자기주도 학습계획표
2013년 11월 28일 금요일

시작시간 (00:00)	끝시간 (00:00)	과목	공부할 단원 내용
4:30	5:00	수	
5:00	5:45	수	
	6:30	영	
	8:30	영	
8:30	10:30	수	

오늘의 평가

출제 원리를 알아야 만점이 가능하다
_독수리 출제 원리 학습법

일반적인 학원이나 공부방에서는 문제 풀이를 통한 실력 향상시키는데 반해 「마녀쌤」은 문제 생성 원리를 통한 개념 교육을 스스로하게 만든다.

이 문제가 '어떻게 만들어졌나'를 살펴봄으로써 '개념이 문제에 어떻게 적용되는가?'까지 파악할 수 있도록 가르친다. 이렇게 문제 생성 원리를 공부하다 보면 독수리처럼 고공에서 출제자의 관점까지 보게 된다.

학생들의 수준은 학습 방법에 따라 3단계로 나누어진다.

첫째 단계인 개미는 앞만 보고 간다. 다시 말해 철저히 수동적인 학습을 (처음 「마녀쌤」을 접하는 모든 학생들이 이 단계) 하는 학생들을 지칭한다. 이후 '마인드맵'과 '거꾸로 교실'을 통해 좌우 앞뒤를 살필 수 있는 메뚜기가 된다. 보통 엄마들이나 학생들은 이 정도 수준까지 오르면 '됐다'라고 생각하지만 이런 학생들은 상위권에는 올라가도 최상위권은 오르지 못한다. 최상위권이 되려면 문제 출제 원리를 꿰뚫는 출제자의 시점까지 올라가야 된다. 문제 생성 원리와 기출

문제를 학생들과 함께 분석해 나가면서 독수리 수준까지 끌어 올린다.

같은 개념의 다른 유형을 연습

1단계는 모든 문제를 분석하는 것이 아니라 틀린 문제만 출제 원리를 분석한다. 이때 세트로 같이 정리해야 되는 것이 바로 오답정리이다. 오답정리는 오답만 체크하는 것이 아니라 여기에 수반된 개념까지도 다시 익혀야 되는 과정이다. 왜냐하면 학생들은 반드시 틀린 문제를 또 틀리기 때문이다. 그러나 이렇게 중요한 오답정리를 오히려 최상위권 학생들이 가장 열심히 한다.

공부 못하는 학생들에게는 오답정리의 중요성을 먼저 가르쳐야 된다. 스키 레슨을 예로 들면서 '넘어지지 않는 것'보다 중요한 것은 '넘어진 후 일어서는 것'임을 가르친다. 스키 레슨을 처음 받을 때 가장 먼저 배우는 동작이 있다. 바로 넘어졌을 때 일어서는 법이다. 넘어지지 않고 잘 타기 위해 레슨을 받으면서 역설적이게도 가장 먼저 배우는 것이 넘어졌을 때 일어서는 법인 것이다. 스키를 타는 모든 사람들은 넘어지는 횟수의 차이가 있을 뿐 항상 넘어진다. 뜻하지 않은 장애물이나 실수 등으로 차가운 눈밭에 나동그라진다. 이처럼 넘어질 수밖에 없는 상황에서 잘 넘어지고 툭툭 털고 일어나 다시 시작하는 사람만이 스키를 계속 탈 수 있다. 넘어지는 것을 두려워하거나 넘어졌을 때 일어서지 못하는 사람은 스키를 영원히 타지 못한다. 오답정리와 오답에 따른 출제 원리 분석은 이런 점에서 스키와 닮았다.

2단계는 맞은 문제도 분석하는데, 이때는 같은 개념의 다른 유형으로 출제 패턴을 연습시키는 과정이다. 이렇게 본인이 직접 같은 개념을 다른 유형으로 문제를 출제하다 보면 더 명확하게 개념을 숙지할 수 있다.

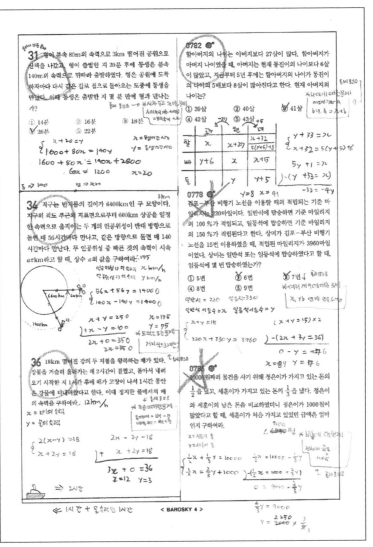

31 형이 분속 80m의 속력으로 3km 떨어진 공원으로 산책을 나갔고, 형이 출발한 지 20분 후에 동생은 분속 140m의 속력으로 뛰어따라 출발하였다. 형은 공원에 도착하자마자 다시 같은 길로 집으로 돌아오는 도중에 동생을 만났다. 이때 동생은 출발한 지 몇 분 만에 형과 만나는가?

① 14분　② 16분　③ 18분
④ 20분　⑤ 22분

$$\begin{cases} x + 20 = y \\ 1600 + 80x = 140y \end{cases}$$
$$1600 + 80x = 140y + 2800$$
$$60x = 1200 \qquad x = 20$$

34 지구는 반지름의 길이가 6400km인 구 모양이다. 지구의 최도 구근의 지표면으로부터 600km 상공을 일정한 속력으로 움직이는 두 개의 인공위성이 반대 방향으로 돌면 매 56시간마다 만나고, 같은 방향으로 돌면 매 140시간마다 만난다. 두 인공위성 중 더 빠른 것의 속력이 시속 $a\pi$km라고 할 때, 상수 a의 값을 구하여라. : 175

$$56x + 56y = 1400$$
$$140x - 140y = 1400$$
$$x + y = 250 \qquad x = 175$$
$$x - y = 100 \qquad y = 75$$
$$2x + 0 = 350$$
$$x = 175$$

36 18km 떨어진 강의 두 지점을 왕복하는 배가 있다. 강물을 거슬러 올라가는 데 2시간이 걸렸고, 돌아서 내려오기 시작한 지 1시간 후에 배가 고장이 나서 1시간 동안 강물을 따라내려왔다고 한다. 이때 정지한 물에서의 배의 속력을 구하여라. : 12km/h

x = 배의 속력
y = 물의 속력

$$\begin{cases} 2(x-y) = 18 \\ x + 2y = 18 \end{cases}$$
$$2x - 2y = 18$$
$$x + 2y = 18$$
$$3x + 0 = 36$$
$$x = 12 \quad y = 3$$

=> 2시간

⟸ 1시간 + 물속력이면 1시간

< BAROSKY 4 >

0782 할아버지의 나이는 아버지보다 27살이 많다. 할아버지가 아버지 나이였을 때, 아버지는 현재 동진이의 나이보다 6살이 많았고, 지금부터 5년 후에는 할아버지의 나이가 동진이의 나이의 5배보다 8살이 많아진다고 한다. 현재 아버지의 나이는?

① 39살　② 40살　③ 41살
④ 42살　⑤ 43살

	과거	현재	미래
할	x	$x+27$	$5(y+5)+8$
아빠	$y+6$	x	$x+5$
동		y	$y+5$

$$y + 33 = x$$
$$x + 32 = 5(y+5) + 8$$
$$5y + 1 = x$$
$$-(y + 33 = x)$$
$$-33 = -4y$$
$$y = 8 \quad x = 41$$

0778 김포-부산 비행기 노선을 이용할 때의 적립되는 기준 마일리지는 220마일이다. 일반석에 탑승하면 기준 마일리지의 100%가 적립되고, 일등석에 탑승하면 기준 마일리지의 150%가 적립된다고 한다. 상미가 김포-부산 비행기 노선을 15번 이용하였을 때, 적립된 마일리지가 3960마일이었다. 상미는 일반석 또는 일등석에 탑승하였다고 할 때, 일등석에 몇 번 탑승하였는가?

① 5번　② 6번　③ 7번
④ 8번　⑤ 9번

일반석 = 220　일등석 = 330
일반석 타는수 = x　일등석타는수 = y

$$x + y = 15 \qquad (x+y=15) \times 2$$
$$220x + 330y = 3960 \qquad -(2x + 3y = 36)$$
$$0 - y = -6$$
$$x = 9 \quad y = 6$$

0786 1000원짜리 물건을 사기 위해 정은이가 가지고 있는 돈의 $\frac{1}{7}$을 냈고, 세훈이가 가지고 있는 돈의 $\frac{1}{3}$을 냈다. 정은이와 세훈이의 남은 돈을 비교하였더니 정은이가 1000원이 많았다고 할 때, 세훈이가 처음 가지고 있었던 금액은 얼마인지 구하여라.

x = 정은이 돈
y = 세훈이 돈

$$\frac{1}{7}x + \frac{1}{3}y = 10000$$
$$\frac{6}{7}x = \frac{2}{3}y + 1000$$
$$0 = 9000 - \frac{6}{8}y$$
$$\frac{6}{8}y = 9000$$
$$y = 2000 \times \frac{3}{4} = 2250$$

▲ [오답정리 **수학** / 영어]

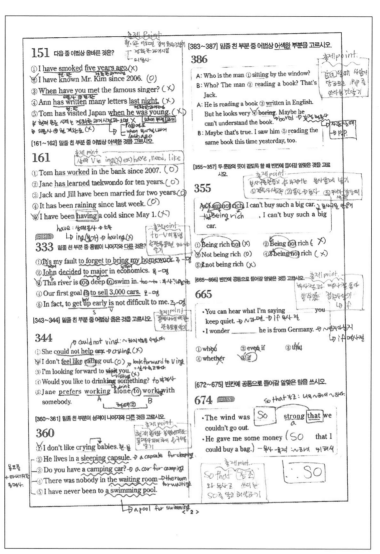

151 다음 중 어법상 올바른 것은?

① I have smoked five years ago. (X)
② I have known Mr. Kim since 2006. (O)
③ When have you met the famous singer? (X)
④ Ann has written many letters last night. (X)
⑤ Tom has visited Japan when he was young. (X)

[161~162] 밑줄 친 부분 어법상 어색한 것을 고르시오.

161

① Tom has worked in the bank since 2007. (O)
② Jane has learned taekwondo for ten years. (O)
③ Jack and Jill have been married for two years (O)
④ It has been raining since last week. (O)
⑤ I have been having a cold since May 1. (X)

333 밑줄 친 중 용법이 나머지와 다른 것은?

① It's my fault to forget to bring my homework.
② John decided to major in economics.
③ This river is too deep to swim in.
④ Our first goal is to sell 3,000 cars.
⑤ In fact, to get up early is not difficult to me.

[343~344] 밑줄 친 부분 어법상 옳은 것을 고르시오.

344

① She could not help crying. (X)
② I don't feel like eating out. (O)
③ I'm looking forward to visit you. (X)
④ Would you like to drinking something? (X)
⑤ Jane prefers working alone to work with somebody.

[360~361] 밑줄 친 부분의 성격이 나머지와 다른 것을 고르시오.

360

① I don't like crying babies.
② He lives in a sleeping capsule.
③ Do you have a camping car?
④ There was nobody in the waiting room.
⑤ I have never been to a swimming pool.

[383~387] 밑줄 친 부분 중 어법상 어색한 부분을 고르시오.

386

A: Who is the man ① sitting by the window?
B: Who? The man ② reading a book? That's Jack.
A: He is reading a book ③ written in English. But he looks very ④ boring. Maybe he can't understand the book.
B: Maybe that's true. I saw him ⑤ reading the same book this time yesterday, too.

[355~357] 두 문장의 뜻이 같도록 할 때 빈칸에 들어갈 알맞은 것을 고르시오.

355

As I am not rich, I can't buy such a big car.
_____, I can't buy such a big car.

① Being rich
② Being not rich
③ Not being rich
④ being not rich
⑤ not being rich

[665~666] 빈칸에 공통으로 들어갈 알맞은 것을 고르시오.

665

• You can hear what I'm saying _____ you keep quiet.
• I wonder _____ he is from Germany.

① who
② even if
③ that
④ whether
⑤ if

[672~675] 빈칸에 공통으로 들어갈 알맞은 말을 쓰시오.

674

• The wind was so strong that we couldn't go out.
• He gave me some money so that I could buy a bag.

▲ [오답정리 수학 / **영어**]

3 학습법 체화

1 기존 지식과 연결 고리를 통한 지식 연결 학습법

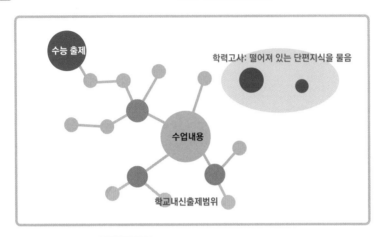

1. 학력고사 vs 수능

단편 지식	응용문제(최소 3단계 이상)
암기 위주	유추 및 추론

2. 수능 vs 학교내신

3단계 이상	1~2단계
응용문제	응용문제
장기 기억	단기기억

즉, 수능(장기기억)은 연결 고리를 차근차근 쌓아가는 아이가 유리 합니다. 수능은 유추 및 추론하게 3~5단계 응용된 내용이 출제되기 때문에 연결 고리를 가지고 공부하는 것이 중요합니다.

2 일주일 플랜 학습법

"학생들 스스로 성취감을 느끼는 학습법"

학생 스스로 일주일 계획 세우기 ▶ 일일피드백 ▶ 한주를 되돌아 보며 주말 피드백 ▶ 피드백을 반영하여 다음주 계획 세우기

3 독수리 출제원리 학습법

학생들의 수준은 학습 방법에 따라 3단계로 나누어지는데

개미 ----〉 메뚜기 ----〉 독수리

개미
앞뒤로만 감 = 철저한 수동적인 학습:
오로지 선생님의 지도하에 학습하는 학생

메뚜기
좌우 앞뒤를 살핌 = 마인드맵과 거꾸로 교실을 할 수 있는 학생

하지만, 상위권에서 최상위권으로 올라가기 위해서는?
독수리가 되어야 한다.

독수리
문제 출제원리를 꿰뚫는 출제자의 시점

즉, 문제 생성 원리와 기출문제를 아이들과 함께 분석해 나가면서
독수리 수준까지 아이들을 끌어 올리는 학습법을 말합니다.

3. 시험장에서 기억 못하면 말짱 도루묵

_7인출 훈련으로 완전히 내 것으로 만들어라

"배운 것을 다른 사람이 이해할 수 있도록 가르치면 확실히 내 것이 된다."

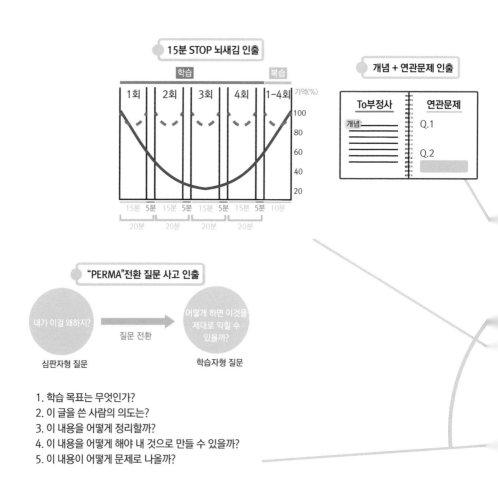

1. 학습 목표는 무엇인가?
2. 이 글을 쓴 사람의 의도는?
3. 이 내용을 어떻게 정리할까?
4. 이 내용을 어떻게 해야 내 것으로 만들 수 있을까?
5. 이 내용이 어떻게 문제로 나올까?

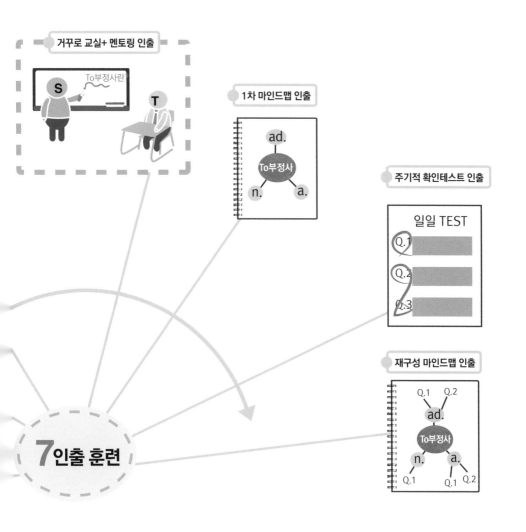

뭘 공부하는지 스스로 묻고 나서 실행하라
_PERMA 전환 질문 사고 인출

"내가 이걸 왜 하지?"하는 심판자형 질문으로부터 학습자형 질문 "어떻게 하면 이것을 제대로 익힐 수 있을까?"로 전환하여 다음 5가지를 스스로 질문해 보는 것이다.

㉠학습 목표는 무엇인가?

㉡이 글을 쓴 사람의 의도는?

㉢이 내용을 어떻게 정리할까?

㉣이 내용을 어떻게 해야 내 것으로 만들 수 있을까?

㉤이 내용이 어떻게 문제로 나올까?

이렇게 공부할 때 마다 5가지 질문을 먼저 던지고 공부하는 깃과 선생님이 시킨 것을 그대로 하는 것과는 하늘과 땅만큼 차이가 날 수밖에 없다. 공부를 마치고 나서 다른 사람에게 다음 2가지를 설명해야 된다.

㉮무엇을 배웠는가?

㉯무엇을 더 배울까?

■ 15분 지나면 멍 때린다! 멍 때리기 전 복습하라
_15분 STOP 뇌새김 인출

경험에서 배우는 사람과 그렇지 않은 사람의 큰 차이점은 반추하는 습관의 유무(有無)이다. 학습에서도 되새김하는 것이 무척 중요하다. 그 이유는 학습에서 중심 역할을 하는 신경 회로들은 회상과 복습을 통해 더욱 탄탄해지기 때문이다. 주기적인 연습은 망각을 막고 회상하는 경로를 강화하며, 얻고자 하는 지식을 꽉 붙잡는데 필수적인 요소이다. 그런데 왜 15분주기일까?

중학교 수업 시간은 45분이고, 고등학교 수업 시간은 50분이다. 그러나 실제 학생들이 집중력을 발휘하는 시간은 15분 내외이다. 초등학생들은 더 짧아서 10분 내외다. 15분 정도 되면 이제 슬슬 딴생각도 나고 지겹기 시작한다.

집에서 부모가 직접 공부를 시킬 때나 인터넷 강의를 들을 때도 마찬가지로 중학생이라면 15분을 주기로 끊어주어야 한다. 그리고 어떤 내용을 공부했는지 정리하여 발표하라고 시켜야 한다. 처음 시작할 때는 중요 포인트를 알려주고 이런 것을 중점으로 관심을 갖게 한 후 15분 지나서 다시 학습한 내용을 얘기해 보라고 시켜야 한다.

　시작한지 1개월 이내 학생은 이런 식으로 시키고 2개월부터는 '스스로 거꾸로 교실'을 (듣는 사람 없이 혼자서 설명하는 것) 시킨다. 만일 15분 뒤에 공부한 내용을 제대로 말하지 못하면 다시 그 부분을 STOP하여 다시 공부해야 된다.

「마녀쌤」의 비밀 병기 ···

거꾸로 교실의 효과는 '뇌새김'

스톱워치를 이용하여 15분 공부하고 5분 복습, 또 15분 공부하고 5분 복습 이렇게 4회를 하고 (총80분) 15분씩 4회 공부한 내용을 총정리 복습 10분을 해서 90분이 1타임이 된다. 이렇게 90분 1타임이 끝나고 15분 휴식을 갖는다.

1단계 학생들은 5분 복습 시간에 선생님께 공부한 내용을 말하고, 2단계로 들어가면 5분 복습할 때 스스로 일어서서 거꾸로 교실을 한다. 3단계 학생들은 혼자 복습을 한다.

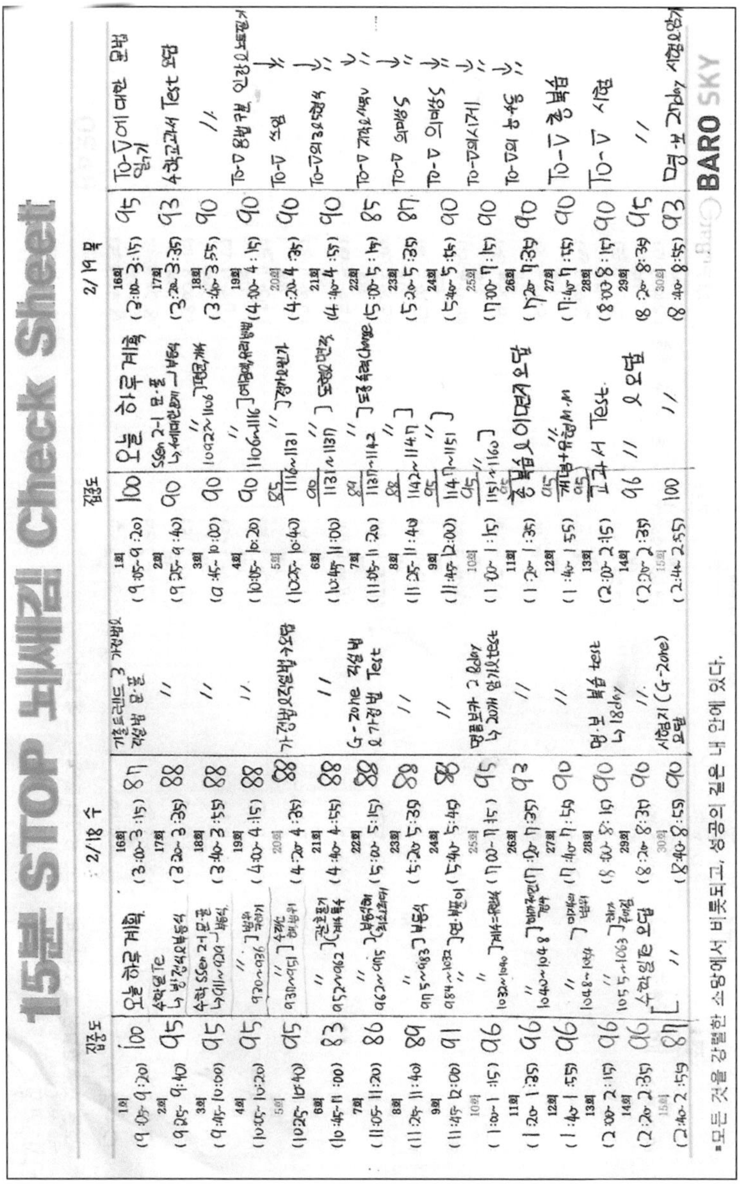
15분 STOP 뇌새김 Check Sheet
2/18 수
2/19 목
집중도
■모든 것을 강렬한 소망에서 비롯되고, 성공의 길은 내 안에 있다.
BARO SKY

■ 스스로 정리해야 내 것이 된다
_개념+연관 문제 인출

노트에 개념을 찾아가면서 압축 정리하는데, 남학생들은 '개발새발' 글씨를 쓰기 때문에 선생님이 필체부터 잡아줘야 한다. (꼭 남자 선생님이 잡아줘야 한다. 엄마나 여자 선생님이 잡아주면 오히려 역효과가 난다.)

왼쪽 페이지에는 개념을 적고 오른쪽 페이지에는 개념이 녹아든 대표 문제를 찾아 쓰게 한다. 이때 개념은 텍스트를 그대로 적는 것이 아니라 자기만의 색깔이 들어가게 정리한 것을 의미한다. 거의 대다수 학생들은 처음에 그대로 적기 때문에 꼼꼼히 피드백을 해줘야 개념 정리하는 방법을 익힌다.

배운 내용에다 참고할 책 1~2권을 주고 연관 내용을 찾아가면서 정리를 시키는데 이렇게 해야 능동적 학습으로 전환된다. 그리고 정리 중간 중간 피드백을 해준다. 특히 입학한지 얼마 안 된 학생들은 수동적인 학습만 받아와서 눈만 멀뚱멀뚱 뜨는 경우가 많아 좀 더 자주 피드백을 해줘야 한다.

일단 개념 정리가 끝나면 문제집을 주고 그 개념이 가장 잘 반영된 문제를 찾아서 쓰게 한다. 이때도 공부 습관이 안 잡힌 학생들은 아무 생각 없이 처음 문제를 쓰는 경우가 많다. 이때 옆에서 문제를 다 풀고 그 개념이 가장 잘 반영된 문제를 쓰게끔 계속 피드백을 줘야 한다. 그래야 능동적인 학습 태도를 기를 수 있다.

▲ [개념 정리 및 문제 쓴 노트①]

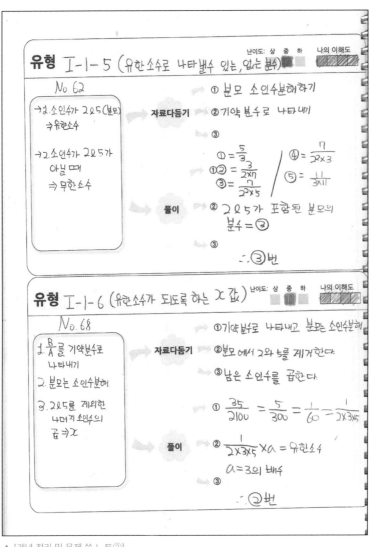

유형 Ⅰ-1-5 (유한소수로 나타낼수 있는, 없는 분수) 난이도: 상 중 하 나의 이해도

No. 62

→ 2.소인수가 2와5 (분모)
  ⇒ 유한소수

→ 2.소인수가 2와5가
  아닐 때
  ⇒ 무한소수

자료다듬기
① 분모 소인수분해하기
② 기약분수로 나타내기
③

① $= \frac{5}{3}$ ④ $= \frac{7}{2^2 \times 3}$

①② $= \frac{3}{2 \times 7}$ ⑤ $= \frac{11}{3 \times 11}$

③ $= \frac{7}{2^2 \times 5}$

풀이
② 2와5가 포함된 분모의
  분수 = ②
③
∴ ③번

유형 Ⅰ-1-6 (유한소수가 되도록 하는 x 값) 난이도: 상 중 하 나의 이해도

No. 68

1. $\frac{B}{A}$ 를 기약분수로
   나타내기
2. 분모는 소인수분해
3. 2와5를 제외한
   나머지 소인수의
   곱 ⇒ x

자료다듬기
① 기약분수로 나타내고 분모는 소인수분해
② 분모에서 2와 5를 제거한다.
③ 남은 소인수를 곱한다.

① $\frac{35}{2100} = \frac{5}{300} = \frac{1}{60} = \frac{1}{2^2 \times 3 \times 5}$

풀이
② $\frac{1}{2^2 \times 3 \times 5} \times a = $ 유한소수
  $a = 3$의 배수
③
∴ ②번

▲ [개념 정리 및 문제 쓴 노트②]

내 생각을 초벌구이 하라
_1차 마인드맵 인출

　　이렇게 정리한 개념을 쉽게 인출할 수 있도록
마인드맵으로 정리한다. 만일 초등학교 고학년부터 이런 식으로 정
리하면 중학교 들어가서는 전 과목 정리를 마인드맵으로 쉽게 끝
낼 수가 있다. 일단 마인드맵을 작성하면 백지를 주고 보지 않고 마
인드맵 내용을 모두 적게 한다. 이런 과정을 거쳐 마인드맵을 최소
화로 요약정리를 한다. (장황하게 많이 쓰면 인출하기가 힘드니까 꼭 요점만 쓸
것) 이런 과정을 거치면서 마인드맵이 뭔지 어떻게 마인드맵을 그려
야 되는지 알게 되는데 마인드맵을 제대로 이해하고 그리는데 보통
6개월 정도 걸린다.

　　(초등학생들이 만든 마인드맵 샘플은 'barosky.com'에서 확인이 가능하다.)

■ 설명할 수 없다면 내 지식이 아니다
_거꾸로 교실+멘토링 인출

　　　　　　'거꾸로 교실'은 미국에서 플립러닝으로 한국에 도입되었지만 그 이전에 전교 1등 학습법으로 먼저 알려져 온 방법이다. 초등학생이나 중학교 2학년까지 학생이 학교에서 귀가하면 교복을 갈아입기 전에 엄마를 대상으로 1교시 수업 내용부터 마지막 교시 수업 내용까지 거꾸로 수업을 하는 것이다. 엄마가 이해할 때까지 가르치면 되는데 이때 엄마는 자녀의 설명이 명확하지 않으면 집요하게 질문을 해야 된다.

　이렇게 선생님 또는 같은 학년 학생 특히 자기보다 1~2년 어린 학생들에게 '거꾸로 교실'을 시키면 정말 큰 효과가 있다. 이해력이 부족한 자기보다 어린 학생을 대상으로 가르치려면 쉽고 명확하게 설명해야 되고 그래도 잘 이해를 못하기 때문에 여러 번 가르쳐야 된다. 그 과정에서 설명하는 사람은 확실하게 개념을 습득할 수 있다.

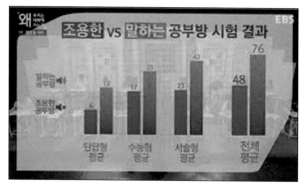

▲ [조용한 vs 말하는 공부방 시험 결과]   *EBS 캡쳐

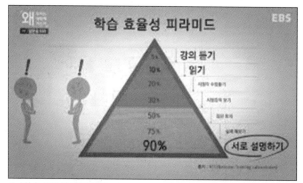

▲ [학습 효율성 피라미드]   *EBS 캡쳐

■ 혹시 펑크 난 곳은 없는지 확인해 봐야 한다
_주기적 확인 테스트 인출

2010년 〈뉴욕타임스〉는 교재를 한 번 읽은 다음 그 내용에 대한 시험을 봤다. 시험을 본 학생들이 시험을 보지 않은 학생에 비해 일주일 후, 50%의 정보를 더 기억하고 있다는 놀라운 과학 연구를 소개한 적이 있다.

▲ [바로스카이에는 칠판이 유리창으로 강의실 2면은 유리, 1면은 보드 마카 칠판이어서 3면을 칠판 대용으로 쓴다.]

「미너램」은 학습 목표와 관련된 퀴즈로 수업을 시작한다. 이 퀴즈는 수업 전 미리 읽어 와야 하는 과제에 포함된 것이다. 이렇게 수업을 시작하여 학생들이 '칠판으로 나가는 날'이 태반이다.

학생들은 몇 개의 소그룹 또는 개인으로 선생님이 나누어 준 문제를 풀어야 된다. 이 문제들은 매일 보는 퀴즈보다 고차원적인 문제들로 학생들은 각자 얻은 생각을 통합하고 개념적인 수준에서 적용해야 한다. 이 문제 풀이 과정은 인출 연습, 시행착오, '거꾸로 교실'을 활용한 동료 교수법을 포함한다.

문제를 풀고 나면 답을 구한 과정을 다른 학생들에게 설명하고 질문을 받는다. 물론 이해를 못하면 이해를 시킬 때까지 설명을 해야 된다. 수업 중 확인(잠깐 퀴즈)과 일일 테스트(전날 공부한 것 중에 틀린 것들)와 토요일 치르는 주말 테스트(일일 테스트 틀린 것들을 포함)를 통한 일주일 총정리 복습 과정을 통해 중요 학습 개념이 반사적으로 튀어 나오게 한다. 한마디로 생각할 시간을 갖기 전에 뇌가 먼저 움직이게 만든다.

*일일 테스트는 전날 틀린 문제들로만 보기 때문에 학생 개개인마다 테스트 문제가 모두 다르다. 학생들은 수업 종료 후 노트를 제출하여 틀린 문제와 식 과정을 노트를 통해 일일이 확인 후 학생에 맞는 문제를 출제한다. 틀린 문제는 당연히 오답정리 노트에 기입한다.

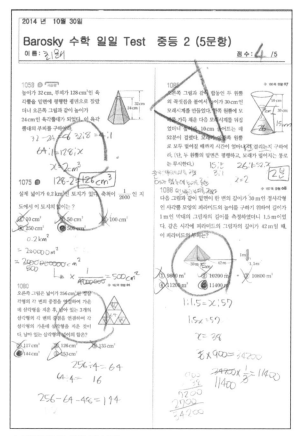

▲ **일일 테스트**, 주말 테스트]

＊주말 테스트는 일일 테스트에서 또 틀린 문제를 모아 출제하며 만일 틀린 문제가 없다면 다른 유형 또는 응용문제를 출제한다. 따라서 학생마다 맞춤식으로 다른 문제가 출제된다. 물론 오답정리를 끝내야 귀가할 수 있다.

참고) 반복만 한 집단의 학생들이 일주일 후 망각의 비율이 52%인데 반해 반복과 시험을 본 집단은 망각 비율이 10%에 불과하다.[3]

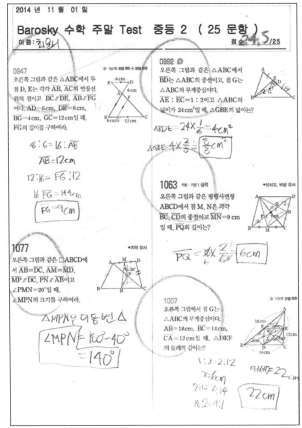

▲ [일일 테스트, **주말 테스트**]

3) H.L. Roediger Psychological science 17(2006), 249~255쪽

■ 시험 볼 때까지 기억해야 한다
_재구성 마인드맵 인출

일일 테스트와 주말 테스트에서 틀린 문제는 틀린 이유를 밝히고 부족한 개념을 다시 적는 특별 제작된 오답노트에 적는다.

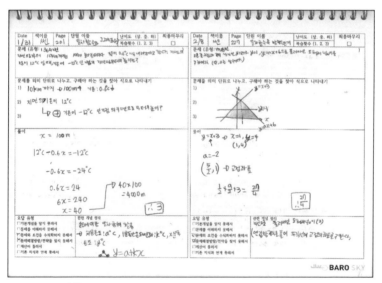

▲ [오답노트 = **수학** / 영어]

엄마가 바뀌면 아이는 스스로 간다 **공부 철칙**

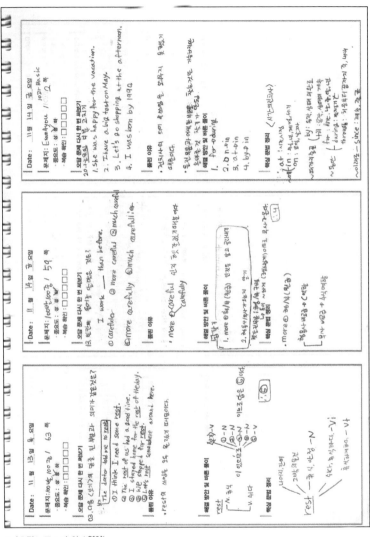

▲ [오답노트 = 수학 / 영어]

이렇게 충분한 피드백이 된 추가 내용을 가지고 다시 마인드맵을 만든다.

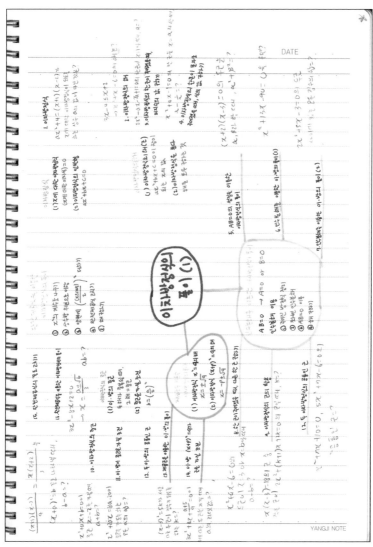

▲ [재구성된 마인드맵]

그리고 나서 이것을 보지 않고 인출한다. 이렇게 해서 공부를 마무리 짓고 일일 테스트, 주말 테스트, 오답정리 노트, 최종 작성된 마인드맵은 보관하여 시험 보기 전 다시 복습한다.

7 인출 훈련

1. "PERMA"전환 질문 사고 인출
2. 15분 STOP 뇌새김 인출
3. 개념 + 연관문제 인출
4. 1차 마인드맵 인출
5. 거꾸로 교실 인출 + 멘토링 인출
6. 주기적 확인 테스트 인출 : 수업 중 퀴즈, 오늘 틀린 문제 다음날 일일테스트, 일일 테스트에서 틀리거나 식이 잘못된 문제 주말 테스트, 시험전 총정리 확인 테스트
7. 재구성 마인드맵 인출

1 "PERMA"전환 질문 사고 인출

심판자형 질문 → 질문 전환 → 학습자형 질문

1. 학습 목표는 무엇인가?
2. 이 글을 쓴 사람의 의도는?
3. 이 내용을 어떻게 정리할까?
4. 이 내용을 어떻게 해야 내 것으로 만들 수 있을까?
5. 이 내용이 어떻게 문제로 나올까?

2 15분 STOP 뇌새김 인출

반추하는 습관잡기

주기적인 연습은 망각을 막고 회상하는 경로를 강화하며, 얻고자 하는 지식을 꽉 붙잡는데 필수적인 요소입니다.

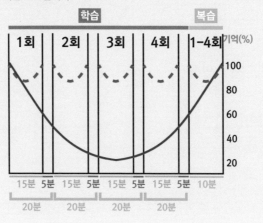

3 개념 + 연관문제 인출

능동적인 학습 태도 잡아주기

개념을 적을 때는 배운 내용에다 참고할 책 1~2권을 주고 연관 내용을 찾아가면서 정리하게 합니다. 이렇게 하면 능동적 학습으로 전환하기 때문이죠!

4 1차 마인드맵 인출

'개념이 어떻게 문제에 적용될까?'에 포인트를 맞추어서 마인드맵을 인출합니다.

5 거꾸로 교실 인출 + 멘토링 인출

학생 스스로 자신이 학습한 내용을 직접 말로 설명하면서 남을 이해시키는 과정입니다.

6 주기적 확인 테스트 인출

수업 중 퀴즈, 오늘 틀린 문제 다음날 일일 테스트, 일일 테스트에서 틀리거나 식이 잘못된 문제 주말 테스트, 시험전 총정리 확인 테스트

7 재구성 마인드맵 인출

최종적인 마인드맵은 1-6번까지의 과정에서 부족한 부분들을 보충하여 재구성 함으로써 자신만의 개념+원리+유형의 마인드맵을 인출하는 과정입니다.

제3부

"엄마 성적이 올랐어요."

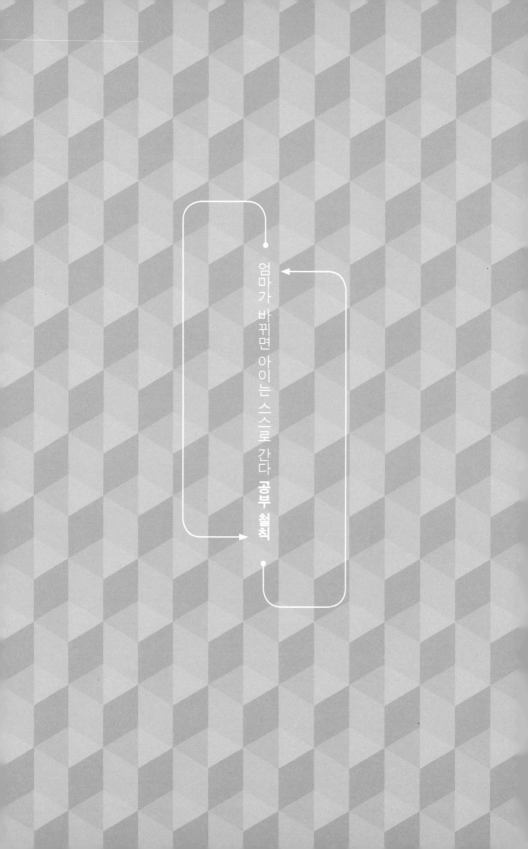

엄마가 바뀌면 아이는 스스로 간다 **공부 철칙**

사춘기 외동아들
20점 이상 향상; 자기주도 학습이 된다
_김윤혁(분당 수내중학교 2학년)

　　　　　　　엄마가 가장 힘든 경우가 아들이 사춘기에 접
어든 때다. 특히 외동아들은 더욱 심하다. 〈바로스카이〉는 공부의
할당이 있다. 이 할당량을 충족시키지 못하면 귀가를 시키지 않는

다. 학원처럼 단순히 가르치는 시스템이 아니라 익히는 시스템이다. 그래서 새벽에 귀가하는 경우도 종종 있다. 시험 한 달 전부터는 주 7일 공부해야 한다. 또 난잡한 남학생들은 금요일 저녁부터 2박 3일 동안 숙식을 하면서 자세 잡기를 한다.

외동아들인 윤혁에게 '도움이 되는 공부'라고 강조하면서 강제력을 동원하자 다니지 않겠다고 으름장을 놓았다.

외동아들을 키우다 보면 매일 전쟁터가 되는 경우가 많다. 전쟁은 엄마와 아들이 서로 대립각만을 세우기 때문이다. 외동아들은 그렇게 키워졌기 때문에 물러서지 않는다. 그래서 성공의 원동력인 심리적 회복탄력성을 키우기가 무척 어렵다.

심리적 회복탄력성(psychological resilience)은 밑바닥까지 떨어져도 꿋꿋하게 다시 튀어 오르는 능력을 일컫는 말이다. 이 회복탄력성을 기르고 유지하는 데 중요한 요인은 누군가가 자신을 일관성 있게 지지해주는 것이다. 이를 해줄 수 있는 사람이 바로 부모다.

온통 여자 선생님

사춘기 때는 방황과 감정의 기복이 심할 때다. 이런 힘든 마음을 이해해 주는 부모여야 하는데 오히려 극한으로 몰고 가는 경우도 종종 있다. 예를 들어 이해는커녕 엄마가 아들의 남성성을 이해하려 하지 않고 그저 엄마의 입맛대로 훈육하고자 인터넷 선을 끊고,

스마트폰 없애고, 사교육 일정으로 가득 찬 시간표를 제시하며 강하게 억누르는 경우다.

집에서는 엄마가 볶아대고 아버지는 바빠서 대화할 시간이 없으며, 학교에서는 온통 여자 선생님이기 때문에 남자 학생들의 고민 상담은 친구들뿐이다. 그러나 사춘기의 어리숙한 심정의 또래들은 적절한 비상구를 찾지 못해 그동안 억압되어 왔던 것이 폭발한다. 그것이 학교폭력, 왕따, 게임 중독, 음란물 중독 등 다양한 사회 문제로 이어지는 남자 사춘기의 절정인 '중2병'이다.

부모들과 상담에서 "우리 아들은 착하고 순수한데 왜 공부를 못할까요?"라는 질문을 가장 많이 받는다. 하지만 대부분의 사춘기 남자아이들은 착하거나 순수하지 않다. 그저 사춘기 남자 애들일 뿐이다. 부모는 사춘기의 실체를 망각하고 초등학생 어릴 때 생각만 하니까 해결점을 찾기가 어렵다. 그러다 보니 아들의 머릿속을 지배하는 이성(이성 교제 또는 야동)과 게임에 대해 진지한 대화를 나눈 적이 없고 나눈다는 것이 거의 불가능하다.

부모 세대는 아버지, 형, 선배, 친구를 보면서 배웠지만, 지금은 문명이 발달되어 미디어로 익힌다. 미디어는 일방통행형으로 따라할 수밖에 없다. 좋고 나쁨의 구분이 어렵다는 것이다. 그래서 사춘기 아들에게는 게임과 성에 관해 아빠가 친구처럼 대화할 수 없다면 멘토링을 해줄 수 있는 남성 코치가 절대적으로 필요하다.

이와 같이 엄마의 눈에는 천사 같은 아들이지만 엄마만 모르는 사춘기 아들의 문제 유형들을 크게 5가지로 나눌 수 있다.

1 소극적 반항형

2 폭력형

3 게임형

4 성(性)중독형(야동 중독)

5 자폐형

1 소극적 반항형: 사춘기로 접어든 아들의 보편적인 모습이다. 초등학교 저학년까지는 엄마 말이라면 모두 잘 따르던 아이가 언제부터가 실생활에서 엄마의 말을 잘 따르지 않고 까칠하거나 짜증을 자주 낸다. 가족과의 유대감이 점점 약해지는 시점이기도 하다. 아들의 감정 기복이 크고 학교에서 친구들과 싸우거나 학원을 몰래 빼먹는 등의 예를 들 수 있다.

2 폭력형: 소위 '일진', '노는 아이' 부류가 먼저 떠 올릴 수 있다. 몰려다니면서 친구 문제가 심각한 경우가 많다. 왕따나 학교 폭력 등 일탈과 비행에 동참함으로써 더 사태가 악화될 수 있는 유형이다. 요즘 학생들 가운데서 이슈인 '기차놀이'는 목을 조르거나 가슴을 강하게 누르는데 이것은 종합격투기나 프로레슬링 등에서 볼 수 있는 기술이다. 상대방을 품에 안는 자세로 목을 조르는 '리어 네이키드 초크(Rear Naked Choke)'와 유사한데 목에 감은 팔로 상대의 경동

맥을 압박, 뇌로 가는 피를 차단해 최소 5초 안에 혼절시킬 수 있다. 이렇게 위험한 '기차놀이'를 즐기는 남학생들이 10% 이상이다. 이외에 집에서 모니터 등의 물건을 집어던지거나 부수는 행동 또는 욕이나 나쁜 단어를 많이 사용하고 버럭버럭 화를 냄으로써 엄마를 놀라게 하는 경우가 있다. 폭력적인 행동을 했던 이유를 물어보면 '그냥 화가 났다'며 뚜렷한 대답을 하지 못하고 감정과 행동 컨트롤을 동시에 안 되는 경우다. 이러한 충동적, 우발적인 행동을 하는 아들에게 꾸지람을 하면 반성하기 보다는 오히려 아들이 더 화를 내서 엄마를 당혹스럽게 하는 유형이다.

3게임형: 대표적으로 현질('현금을 지르다'의 준말), 밤늦게까지 게임을 하거나 PC방을 전전하는 학생들이 속해 있는 부류뿐만 아니라 집에서 엄마 몰래 컴퓨터나 스마트폰으로 게임 및 웹툰, 카톡 등 가상 세계에서 자신의 만족감을 찾는 유형이다. 현질이란 다른 플레이어에게 직접 또는 중개 사이트를 통해 현금을 주고 아이템이나 게임머니 등을 사는 행위를 일컫는 말이다. 이 현질이 무서운 건 부모가 준 용돈뿐만 아니라 힘이 센 아이들은 다른 아이들에게 돈을 갈취 또는 부모 몰래 지갑에서 돈을 훔치는 등 2차 일탈 행위로 옮겨가는 원인이 된다는 것이다. 어쨌든 남자아이들은 정도의 차이가 있지만 '게임형'이라는 인자는 거의 가지고 있다고 한다.

4성(性)중독형: 음란물 중독 현상이라는 의미로 특히, 맞벌이 하는 부모가 집을 비우고 아들 혼자 남아서 끊임없이 야한 동영상을 보고 '성'에 대한 잘못된 개념을 갖게 되는 경우가 많다. 남자아이들은 게임과 마찬가지로 어느 정도 성중독성이 있다. 따라서 엄마가 맞벌이든 전업주부든 상관없이 좀 더 편하게 접할 수 있냐? 없냐? 차이만 있을 뿐 모두 관심이 있다고 보면 된다. 사춘기 남자아이들의 가장 큰 특징은 게임과 성이 동전의 양면처럼 따라다니는 것이다. 서울시가 2009년부터 2011년까지 3년간 시가 운영하는 청소년상담지원센터의 상담 내용을 분석한 결과 전체 상담자의 24.7%가 게임과 음란물 중독에 대한 고민으로 상담을 받았다고 한다. 이처럼 순진하다고 생각했던 많은 남자아이들이 게임 또는 음란물 중독에서 헤어 나오지 못하기 때문에 공부에 전념하지 못하는 것이다.

5 자폐형: 자신이 집중하는 것 이외의 모든 세상과는 단절되어 있다고 말할 수 있을 정도의 상태이다. 자신이 관심 있는 것만 하려하고 관심 이외의 것은 전혀 신경을 쓰지 않는 것이 가장 큰 특징이다. 자폐는 심리 자폐와 자율신경 세포(일명 미러 뉴런)가 없는 선천적 자폐로 나눈다. 여기서 말하는 '자폐형'은 심리 자폐를 말하는 것으로 주위에서의 관심과 보살핌으로 충분히 극복될 수 있다.

＊

크게 5가지로 나누지만 남자아이들은 한 가지 유형만 보이는 것이 아니라 복합적 특성을 보인다. 어쨌든 이런 아들의 특성을 알고 접근해야지만 제대로 된 학교생활과 생활 태도를 잡아줄 수 있다.

고학력 커리어 우먼의 약점

5학년 겨울방학 직전 처음 만난 맞벌이 외동아들인 윤혁이는 똑똑하게 말하고 자기주장이 확실한 논리적인 이미지를 풍겼던 댄디한 소년이었다. 그러나 실제 내면은 겉모습보다 무척 허약한 아이였다. 이런 윤혁이의 특징은 전형적인 엘리트 맞벌이의 외동아들한테서 나타난다.

어떻게 말해야 부모나 다른 사람들이 좋아할지 알기 때문에 그렇게 말하지만 말한 그대로 실천할 의지력과 내면의 힘은 약했다. 때문에 어느 정도 시간이 지나면 책임을 회피하거나 전가하게 된다. 이런 현상은 윤혁에게만 나타나는 것이 아니라 엄마가 고학력 커리어 우먼인 경우 흔하게 나타난다. 어릴 때부터 할머니 (특히 외할머니인 경우가 많음) 손에 커오면서 자주 같이 못하는 (전업주부에 비해) 엄마에게 잘 보이고 싶은 내면의 욕구는 있는데 엄마는 자식을 위해 사회 구성원으로 어떤 사람이 되었으면 하는 바람을 피력하고 아이는 되도록 부응하려고 노력했을 것이다. 예를 들어 엄마들이 가장 좋아하는 자기주도 학습은 어른들도 힘들다. 저도 플랭클린플래너를 여러 번 사봤지만 제대로 끝까지 써본 적은 아직 없다.

애들은 애다워야 한다. 그래야 나중에 행복한 삶을 살 수 있다. 이것은 제가 30년 가까운 세월을 교육 현장에서 보내면서 깨달은 내용이다. 저처럼 10대와 수십 년 동고동락을 해온 사람은 거꾸로

제 또래와 있으면 불편하다. 정서적 교감이 안 되기 때문이다. 애가 너무 어른스러운 소리를 하면 대견스러운 것이 아니라 뭔가 문제가 있는 것이다. 처음 보는 사람이나 다른 사람에게 이런 사람으로 비춰지고는 싶고 능력은 안 되고 그 사이에서 헤매다 급기야 자존감에 상처를 입게 된다. 그 자존감에 상처 받고 싶지 않기 때문에 어떤 일이나 사건에 대해 자기중심적인 편집을 해서 상대방에게 전달하고 이런 일을 여러 번 겪은 상대방은 또다시 믿지 못하게 되는 악순환에 빠지게 된다. 이런 경우는 내면에 자존감을 세워주면서 책임 회피의 한 방편으로 거짓말을 할 때마다 그 자리에서 지적과 수정을 해줘야 한다. 상당히 오랜 시간이 필요하고 지극히 어려운 일이긴 하지만 애정을 가지고 꾸준히 보살피다 보면 어느 순간 달라진다.

스마트폰 없애는 방법

지금은 옛날에 있던 에피소드를 웃으면서 넘길 수 있지만 윤혁이도 주변 사람들도 무척 힘든 시기를 겪었다.

맞벌이의 경우 크게 2가지로 나눌 수 있다. 애착관계[4] 형성기에 엄마와 보내고 그 이후에 양육을 다른 사람이 하는 경우는 그래도 정서적 안정감이 높으나 윤혁이의 경우는 애착관계 형성기에 할머니, 외할머니, 친척 등 여러 사람이 맡아서 키웠기 때문에 심적 불

---

4) 이론상으로는 만 24개월까지를 말하나 남자아이의 경우는 30개월까지 보는 것이 타당함

안감 무척 컸고 어떤 방식이든지 인정받고 싶은 욕구가 무척 강할 수밖에 없었다. 그러나 잦은 학원 이동과 정서의 불안은 초등학교 시절 학업성취도가 당연히 낮게 나올 수밖에 없었고 다른 인정받지 못하는 남자아이들처럼 윤혁이도 스마트폰과 게임에 소속감과 흥미를 가질 수밖에 없었다.

일단 남학생들은 무조건 휴대폰부터 없애야 한다. 정신교육에서 분위기를 통해 3개월 내로 스스로 없애게 만드는데 이때 무조건적인 강압보다 말이 앞서고 인정받는 걸 좋아하는 남자아이들은 자기가 공언하게 유도해야 된다. 본인 스스로 약속한 말도 있고 해서 속으로 끙끙 앓았지만 어쨌든 스마트폰을 윤혁이는 없앴다. (초등학교 6학년 초 스마트폰을 자진해서 없애고 맞벌이하는 부모 안심용으로 현재는 2G폰 사용한다.)

다음은 학습 과정인데 자기주장이 확실한 타입은 자기가 원하는 대로 계획을 짜고 자기 스스로 하게 놔둬야 된다. 바닥을 한번 쳐봐야 자기 고집을 꺾고 남의 의견에 토를 달지 않고 따라온다. 그러고 나서 1:1로 선생님이 공부를 가르쳤다. 물론 수직 상승해서 전 과목 반평균을 20점 이상 높게 나왔다. 그러나 이렇게 끼고 가르치는 건 초등학교에선 통하지만 나중에 중학교에선 통하지 않는다. 그래도 평균이 60~70점인 경우 90점대 올려 자신감을 갖게 해주려면 이런 방법이 가장 좋다.

초등학교 6년 중에 처음으로 전 과목 평균 90점 이상으로 6학년

기말고사를 장식하고 부모와 홀가분하게 연말 여행을 다녀온 윤혁이는 수내중학교 배정이 기다리고 있었다. 초등학교 5~6학년 때 철저히 준비하지 않고 중학교에 들어가면 낭패를 보는 학교가 분당에 몇 개 있는데, 그중에 하나가 바로 수내중학교다.

남자는 초등 6학년이 특히 중요하다

중학교 입학하여 수학에 기본이 안 된 학생들에게 가장 좋은 수학 책은 교과서다. 개념의 정리가 잘되어 있기 때문에 기초가 부족하면 부족할수록 교과서를 기본으로 공부를 해야 된다. 중학 수학은 모두 중요하지만 그중에서도 중요한 것은 중1 수학이다. 여기서부터 본격적으로 뻗어 나가기 때문에 확실히 익혀야 된다.

윤혁이는 중학교 1학년 내내 수학에 중점을 두기로 했다. 그래서 기말고사에서 97점을 받았다. 영어와 수학의 기초를 다지지 않으면 갈수록 어려워진다. 그래서 선택과 집중해서 한 과목이라도 마스터를 해야 된다. 이때에 허송세월을 보내면 수능 때까지 매번 난관에 부딪친다.

중학교 1, 2학년은 수학에 집중할 수 있지만 중학교 3학년은 어렵다. 그래서 급할수록 돌아가라고 수학에 먼저 집중하고 영어는 어휘력부터 쌓은 다음에 문법 그리고 나서 독해로 들어가야 된다. 초등학교 때 절제력을 키우지 못하고 사춘기를 맞으면 그 자체로

도 힘든데 학습 결손을 메우면서 중학교 과정을 나아가면 상당한
스트레스에 시달리게 된다. 그것도 특A학교에서 낙오되지 않고 꿋
꿋이 해 나아가려면 나름대로 마음고생이 심했을 것이다. 나름대
로 잘 발산해서 결국은 내면의 힘을 키웠다. 그리고 그 내면의 힘으
로 윤혁이는 몇 가지 장애물을 슬기롭게 잘 넘겼다. 윤혁이가 이렇
게 사춘기를 슬기롭게 건널 수 있는 데는 엄마의 힘이 컸다.

인내력이 강한 부모가 성공

윤혁이를 초등학교 5학년말 처음 면담했을 때 야동을 초등 2학년 때 접했다고[5] 엄마한테 이야기했더니 그럴 리 없다고 믿질 않았다.

이후 강연회 참석하면서 사춘기 아들에 대해 이해하려고 노력했고 구체적인 실천 방안을 모색했다. 특히 윤혁이는 I형(내재적 동기부여형)이라 특히 벌에 민감하고 악영향을 받기 때문에 조그마한 성공 체험을 자주 갖게 하여 이끄는 게 필요했다. 이런 방식은 상당히 오랜 기간을 필요로 하기 때문에 보통 인내력이 강한 부모가 아니면 힘든 방법이다.

아들을 둔 엄마들은 사춘기가 될 때 인정하기 힘들더라도 귀엽고 순진무구한 아들이 테스토스테론이라는 남성 호르몬의 영향으로 거칠고 폭력적으로 변한다는 사실을 알아야 된다.

외동아들은 순간적으로 그 순간만 모면하려 상황을 편집해서 이야기하는 경향이 특히 심하다는 사실이다.

---

5) 면담자가 동성이고 나이 차이가 많지 않고 기록하지 않으면서 떠보는 듯이 면담해야 된다. 예를 들어 형은 초등학교 3학년부터 야동봤는데 넌?

★I형과 X형을 아십니까?

먼저 학생의 유형을 파악하고 공부를 시켜야 된다.

I형이란?

I는 '내재적'이라는 뜻의 인트린식(Intrinsic)의 첫 글자로 I유형의 행동은 외부의 욕망보다 내재적 욕망에 의해 가속된다. 그리고 어떤 행동으로 인한 보상보다는 행동 자체의 내재적 만족과 관련된 것이다. I형에게 가장 주요한 동기는 자유와 도전 그리고 일 자체의 목적이다. 다른 이익이 더 있다면 환영하겠지만 그건 덤일 따름이다. 따라서 자율성 지지를 제시하는 부모 아래에서 지낼 때 만족도가 더 높아진다. 만족도가 향상되면 성과도 좋아진다. '무엇을, 언제, 어떻게, 누구와 함께 하는가'라는 네 가지 측면에서 자율성이 중요하다.

TIP! I유형 교육하기

◎-올바른 방식으로 구체적으로 이유가 있을 때만 칭찬하기

지능보다는 노력과 전략을 칭찬한다. 똑똑하다는 이유로 칭찬받는 아이는 어떤 유형의 일이란 자신이 실제로 똑똑한가를 시험하는 것이라고 믿는다고 한다. 이런 아이는 멍청해 보이는 것을 피하기 위해 새로운 도전을 거부하고 가장 쉬운 길만 선택한다. 반면 열심히 공부하고 노력해야 숙련과 성장에 이른다고 이해하는 아이는 새롭고 어려운 일을 기꺼이 선택한다.

◎-학생이 큰 그림을 보게 도와주기

학생이 어떤 공부를 하더라도 '내가 이것을 왜 배울까'와 '지금 내가 살고 있는 이 세계와 이 공부는 어떤 식으로 관계가 있을까'라는 질문에 대답할 수 있어야 한다.

X형이란?

X는 '외재적'이라는 뜻의 엑스트린식(eXtrinsic)에서 딴것인데 내재적 욕망보다 외부의 욕망에 의해 가속된다. 또한 어떤 행동 자체의 만족보다는 그 행동을 한 후에 얻을 수 있는 외적 보상과 연관되어 있다. I형과 정반대다. X형에게 가장 중요한 동기는 바로 외부의 보상이다. "이번 중간고사 평균이 95점 이상이면 새 스마트폰 사준다." 이런 식으로 부모들이 약속하는 것이 X형을 이용하는 것이다. 그러나 이처럼 스마트폰 또는 값비싼 물건들은 한번은 효과가 있을지 몰라도 그 다음에는 더 큰 보상이라는 악순환에 빠지기 쉽다. 그러나 사소한 것 다시 말해 아이 입장에서는 소중하지만 비용이 크지 않은 범위 내에서 찾아내면 효율적으로 이끌어 갈 수 있다.

TIP! 부모 교육자를 위한 X유형

◎-사소한 것과 인정 욕구를 동시에 줄 수 있는 것을 지속적으로

남을 도왔을 때 칭찬 받을 일을 했을 때마다 포인트를 주고(이 포인트 주는 것은 공개된 장소에 누구나 볼 수 있게) 포인트가 10개 되면 문화상품권 1장과 가족들이 모여서 박수를 쳐주는 등 인정 욕구를 충족할 수 있게 해주는 것이 중요하다. 이렇게 인정 욕구를 계속 채워주면 자기 만족감에 올바른 행동을 하게 된다.

◎-보상의 간격을 점점 넓혀라

예를 들어 쓰레기를 버릴 때마다 1,000원을 줬다. 이렇게 몇 달 지낸 후 일주일에 7,000원을 주지만 하루라도 빼먹을 경우는 한 푼도 안준다. 이렇게 3개월을 하다가 2주(14일)를 한 후 15,000원(원래 14,000원을 줘야 하지만 간격을 넓혔기 때문에 추가 보상)을 준다. 이때도 2주 내 1번이라도 빼먹으면 보상이 없어진다.

전형적인 사춘기 남학생
수학, 영어 평균 98점, 99점; 올백 도전
_심주용(안산 시곡중학교 2학년)

　　초등학교 5학년 겨울방학 때 처음 지켜본 심주용은 롤 플레잉 게임(특히 피파 축구 게임)과 스마트폰 등 IT기기에 중독되어 있는 상태였다. 거의 ADHD증후군처럼 자리에 10분 이상 앉아 있기도 힘들었다.

　이렇게 IT기기에 중독된 학생들의 특징은 자기의 생각을 논리적으로 발표하지 못하고 단문으로 말하며 하고 싶은 말이나 생각이 잘 표현되지 않으면 울거나 폭력적 성향을 보인다.

게임을 권하는 선생님

〈바로스카이〉에 다니러 온 것도 아니고 속는 셈치고 일주일 다닌 후, 결정하기로 했다. 분당 이외에 지역에서 다니는 학생들은 스스로 와야 하기 때문에 태울 일이 없는데 어떤 학생인지 궁금해서 첫날 직접 안산에 가서 주용이와 다른 2명을 픽업했다. 보통 학생들은 선생님 옆자리에 앉지 않는데, 주용이는 조수석에 앉아 지나가는 거리의 가게에 대해 미주알고주알 얘기했다. 첫 대면 하면서 "아! 이 아이는 정에 굶주려 있구나! 그리고 인정 욕구가 무척 강한데, 그 욕구가 충족이 되지 않아서 내면적으로 힘들겠구나!"라고 생각했다.

이런 타입은 불안한 정서를 갖고 있으며 어떤 식으로도 소속감과 안정감을 찾을 수 있는 도피처가 있어야 된다. 주용이한테 이런 도피처가 게임이었다. 첫 달은 쉬는 시간마다 컴퓨터게임을 시켰다. 어디 학원을 가도 쉬는 시간에 컴퓨터게임을 시키는 학원은 없는지라 주용이는 일주일 지나고 나서도 학원에 나왔다. 부모나 교습자들이 가장 많이 하는 실수가 처음부터 무조건 잡아 주려고 노력하는 것이다. 그러나 양가감정(게임을 계속하고픈 생각과 좀 자제하고 공부를 해야겠다는 상반된 생각)에 심리를 아주 자연스럽게 활용하여 조금씩 변화를 줘야 한다.

강제는 통하지 않는 남자

사람은 쉽게 변하지 않는다. 습관을 통해서 보면 이해하기가 쉽다. 어떤 생각과 행동을 계속하면 그것을 처리하는 뇌(腦) 회로가 형성되는데 이것을 습관이라 한다. 사람이 많이 다니면 길이 나듯이 뇌 속에 시냅스와 뉴런이 뭉쳐 벌써 뇌 회로가 된 것이 바로 습관이다.

요즘 담배 값이 많이 올라서 금연 열풍이 불고 있지만 이런 이유로 실제 담배를 끊는 것이 무척 힘들다. 참고로 피우지 않겠다라고 매일 결심하는 것보다 '운동하겠다', '물마시겠다' 등 해당 뇌 회로 폐쇄보다 새로운 뇌 회로를 만드는 것이 더 효과적이다. 남학생들의 게임에서 빠져 나오게 하는 것도 마찬가지다. 학생이 다른 쪽에서 소속감과 만족감을 얻을 수 있을 때까지는 완전히 못하게 해선 안 된다. 네덜란드에서 성공한 알코올 중독의 치료법이다. 알코올 중독자에게 청소를 시키고, 그 대가로 술을 지급한다. 꽤 효과가 있다고 한다. 어떻게 보면 황당하지만 심리학적으로 타당한 논리라고 한다.

〈바로스카이〉에서는 특히 남학생들에게 3개월 이내 스마트폰을 스스로 없애게 하거나 아님 2G폰으로 바꾸게 한다. 강제로 못하게 하면, 보이지 않는 어디선가 하게 되어 있다. 게임 중독, 알코올 중독 이런 것들이 왜 일어날까? 만일 정서적으로 충분히 사랑받고 본인의 성취감이 충분히 발휘되어서 즐길 것이 많은 사람들에게는 벌어지지 않는다. 따라서 도파민, 세로토닌과 같은 행복 호르몬을 다른 곳에서 맛보게 하면서 이런 게임을 점점 줄이게 하는 게 중요한 포인트다.

우선순위 정하기

네덜란드에서 성공적인 알코올 중독자 치료 프로그램을 운영했던 레인보우 재단 관계자의 말에 의하면 프로그램 사용법은 단순하다. 쓰레기를 청소하면 10유로의 일당과 함께 맥주 5캔을 준다는 것이다. 초기에는 세금으로 알코올 중독자에게 술을 주겠다는 것이냐며 반대하는 목소리도 있었다. 그러나 2년간 프로그램을 운영한 결과 알코올 중독자 재활에 효과가 있다는 분석들이 나오면서 네덜란드 내 다른 도시들도 이 프로그램 도입을 검토하고 있다. 이 프로그램이 성공한 이유는 단순히 술을 주어서가 아니다. 먼저 일자리가 없는 사람에게 일을 주고 깎듯이 존칭어를 쓰면서 대접하여 자존감을 높이게 해주었다. 그리고 자기 이름이 써진 누구나 잘 보이는 메모판에 자기가 받은 맥주 중 마신 개수를 스스로 적게 만들었다. 능동적인 참여를 이끌어 낸 것이다. 그리고 관리자가 아닌 동료들과 본인이 봐서 이제 통제가 가능하다고 판단하면 퇴소하는 것이다.

부모들이 꼭 알아야 되는 점이 바로 이 지점이다. 억압과 강요로는 절대로 변화를 이끌 수 없다. 먼저 감정을 어루만져 줘야 되고 그리고 구체적인 단계별 목표점을 알려주고 이를 도달하면 200% 과잉 칭찬을 해줘야 된다.

남자아이들을 지도할 때 또 주의할 것은 멀티가 되지 않아 한가지 한가지씩 잡아줘야 된다는 점이다. 부모가 남자아이들 교육에서 많이 실패하는 이유가 모든 걸 한꺼번에 바꾸려다 결국은 아무것도 바꾸지 못하고 지쳐 나가떨어진다는 것이다. 막연하고 거창한 것보다 구체적이고 객관화시킬 수 있는 것부터 잡아 우선순위를 매기고 그대로 진행시켜야 된다.

폭력의 역기능

주용에게 있어서 1단계는 스마트폰 없애기와 게임 줄이기이었다. 스마트폰의 유해성 등을 알려 주는 자료 및 동영상을 보여주었다. 또 다양한 토론과 스마트폰을 사용했을 때와 사용하지 않았을 때 어떤 변화가 있었는지에 대한 〈바로스카이〉 선배들의 간증(?)을 듣게 하는 등 다방면의 시도로 주용이는 2개월 만에 휴대폰을 자진

해서 없앴다.

2단계는 노트 정리와 글씨체 잡아주는 것에 집중했다. 남자아이들은 글씨를 개발새발 쓰고 자기 사물에 대해 정리 정돈에 전혀 신

경을 쓰지 않는다. 필체가 좋지 않으면 다시 필기시켰다. 3개월 지나자 안정이 됐다. 이렇게 구체적 행동을 잡고 나서, '거짓말하는 타입인가?', '부정적 언어를 많이 쓰는가?'라는 분류한 후에 말투를 잡아 주는 것이 3단계다.

주용이는 대인 지능이 뛰어나고 공감하는 능력 또한 다른 아이들보다 발달해 있었다. 이런 타입은 남의 일에 잘 참견하고 그러는 와중에 남들 구설수에 많이 오른다. 부모 입장에서는 오지랖이 넓어 실속이 없다고 판단한다. 상대방의 감정을 너무 잘 헤아려서 되도록 듣기 좋은 말만 골라 해주고 본인이 책임져야 될 상황에서는 편집해서 이야기해 주다 보니 어느 조직에서도 사소한 마찰이 끊이지 않는다.

편집(거짓말)해서 말하는 행동을 바로 잡아주었다. 부모는 자녀가 핑계를 대거나 거짓말을 하면 고쳐주려고 노력하지만 실패하는 이유가 있다. 남자아이들은 무조건 물증부터 확보하고 확인 절차를 들어가야 된다. 그런데 마음이 앞선 나머지 묻거나 다그치는 것부터 심하면 폭력으로 이어진다. 남자아이들은 확실한 물증이 없으면 끝까지 잡아뗀다. 그러다 보니 유야무야되면서 오히려 좋지 않은 학습 효과를 초래한다. 또한 이렇게 부모를 이겨먹은 경험이 있으면 그 다음부터는 어떻게든 그 순간만 넘어가려고 든다.

이런 남자아이들 속성을 너무나 잘 알고 있기에 확실한 물증이 있을 경우만 문제 삼아 확고하게 핑계나 거짓말을 하는 주용이를

교육시켰다. 또 잘못된 행동을 잡아주기만 해서는 안 된다. 주용이
는 인정받고 격려를 받아 본 적이 거의 없기 때문에 사소하지만 긍
정적인 면이 있다면 모두 모아서 교육받는 정신교육 때에 칭찬을
하고 기립 박수를 쳐주었다.

이런 경험들을 대략 야단치는 경우와 비율적으로 1:2 정도로 해
서 긍정적인 마인드를 가지면서 공부하게 했다. 부모들이 실수하는
부분이 바로 고쳐줄 것만 지적하고 긍정적인 면에 대해선 그냥 지
나치는 경우가 많다. 오히려 주목받고 싶은 아이들은 오히려 부모
의 관심을 끌기 위해서라도 일탈 행위를 하는 경우도 있다. 적절한
행동에 대해서도 주목해야 된다.

이젠 올백에 도전한다

이렇게 생활 태도를 잡고 난 후에 「마녀쌤」이 맡아서 학습을 책임
졌다. 초등학교 때는 수학 100점을 받아 본 적이 없던 주용이는 중
학교에서 수학이 1학기 중간고사 100점, 기말고사 96점, 2학기 중간
고사 96점, 기말고사 100점이었다. 영어는 1학기 중간고사 96점, 기
말고사 100점, 2학기 중간고사 100점, 기말고사 100점을 맞았다. 이
렇게 되기까지는 주용이 엄마의 인내와 헌신적인 노력이었다.

자녀의 생활 태도만을 잡는데 1년이라는 시간을 할애할 수 있을
까. 부모들은 학습 문제가 생활 태도에서 시작된다는 것을 이해는

하지만 장시간 할애하기는 아주 어렵다. 이러한 생활 태도를 바로 잡기 위해서는 학생의 상태에 따라 6개월~1년 심하면 2년까지도 걸린다는 것을 이해하지 못하는 경우가 많다. 그것은 조바심과 불안감 때문이다.

자녀 교육에서 필요에 따라 돌아가는 것이 빠를 때가 있다. 주용이를 겪으면서 생활 태도보다 학습을 먼저 시켰다면 지금도 지지고 볶고 싸우고 있을 것이다. 학원이나 교습자들은 고객인 학부모의 요구 조건을 거스를 수 없다. 만일 주용이 엄마가 자녀의 생활 태도보다 이번 시험만 잘 보게 하고 공부만 신경을 썼다면 어쩔 수 없이 공부에만 주안점을 두었을 것이다.

당황하면서 담배 권하는 아버지

부모의 역할이 얼마나 중요한 것인지 생각하게 하는 일화다.

〈바로스카이〉 보조 교사인 김현혁(고려대 경제학과) 군이 중학교 2학년 때 일이다. 담배를 피우다 아버지에게 딱 걸렸다.

아버지가 담배 한 대를 권하며 말했다.

"내가 '아버지'가 처음이라 이런 상황이 당황스럽다. 걸린 너도 당황스럽지? 어떻게 하면 좋을까? 나도 잘 모르겠다. 넌 어때?"

"집에서는 피우지 않겠습니다."

대답은 이랬지만, 더 이상 담배를 피울 수가 없어서 끊었다. 군대에서 다시 피웠는데 지금까지도 집에서는 피우지 않는다고 한다.

누구나 이런 상황이었다면 아들한테 손찌검이나 화를 낸다. 하지만 김현혁 군의 아버지는 당황스러운 마음을 그대로 표현했고 그 진심을 이해한 아들은 올바른 길로 갔던 것이다.

안산에서 분당까지 다닌 지 24개월이 넘은 주용이는 본인이 공부하는 것을 넘어서 멘토링의 영역까지 넓혀가면서 가우디 같은 세계적인 건축가의 꿈을 키워가고 있다.

「마녀쌤」의 비밀 병기 ────────────────────────────

선축적(先蓄積)-후발산(後發散)

언제든지 우리가 무엇인가를 배우면 뇌에 있는 회로 방식들은 변화한다. 사춘기 성장기의 뇌는 더 변하기 쉽다. 사람의 재능과 습관에서 설명했듯이 우리가 어떤 행동을 잘한다는 것은 그 행동에 관여된 시냅스 회로가 발달되었다는 의미다. 그런 의미에서 명랑함도 습관이고 마찬가지로 짜증도 습관이다.

주용이는 모든 스트레스나 기쁨을 컴퓨터게임으로 푸는 생활 습관을 가지고 있었다. 뇌는 자연이 가져온 그 어떤 체계보다도 변화할 수 있는 능력이 큰데 그중 반복이 결정적인 역할을 한다. 뉴런들이 더 자주 자극을 받을수록 새로운 연결망은 완전히 정착하고 일단 시냅스(뉴런들의 연결 회로)가 생기고 나면 반복을 통해 계속 유지 강화시키는데 이 연결 고리를 끊는 게 생각보다 힘이 많이 든다. 즉 전환이나 승화를 통해 자극과 게임이라는 행위 사이의 연결 고리를 약화시켜야 되는데 게임보다 자극적이고 재미있는 것을 찾기가 쉽지 않다.

작은 승리를 모아라

왜 남자아이들이 게임이라면 사족을 못 쓸까? 그 이유는 게임은 설계될 때부터 아이들 수준에 맞는 도입부터 성취감을 느낄 수 있게 실력이 늘어나면 레벨도 올라가고 또 소속감을 느끼게 커뮤니티도 잘 짜져 있다.

이에 반해 공부는 평면적 구성인 책으로부터 일반적으로 성과라 할 수 있는 성적 향상이라는 피드백이 늦어 성취감을 맛보기가 쉽지 않다. 또한 월드컵이 열린 해에는 남학생들의 수능 성적이 여학생 보다 훨씬 떨어진다는 통계치가 있다. 남자아이들은 여자아이보다 미래에 대한 생각보다 현실에 대한 만족감을 더 높게 생각하는 경향이 강하고 테스토스테론이라는 남성 호르몬의 영향으로 경쟁과 승부욕이 강하기 때문에 게임에 더 빠지는 경향이 있다. 이런 게임이나 스마트폰 중독에서 자녀를 빠져나오게 하려면 다른 곳에서 성취감과 인정을 받아야 된다.

지난 일주일에 자녀에게 칭찬을 해준 적 있는가? 한번 생각해 봐야한다. 그리고 매일매일 작은 승리를 통해 이것이 눈덩이가 되어서 커다란 성취감을 맛보게 해야 된다. 학습 태도가 어느 정도 형성되어 있는 학생을 공부시키는 건 누구나 할 수 있다. 또한 학습된 무기력(시행착오를 많이 겪어서 의지가 전혀 없는)이 일상화되어 있는 학생을 잠시 동안은 끌고 나가는 것도 누구나 할 수 있지만 지속적으로 끌고 나가기는 무척 어렵다. 이런 학생들에게 학교와 가정생활 속에서 공부에 가장 큰 영향을 미치는 것은 당장의 커다란 성과보다는 매일 앞으로 나아가고 있다는 느낌을 받게 하는 '작은 승리'들이다. 그래서 일류대 멘토링 캠프 등을 보내도 효과가 없는 것은 커다란 대의명분(SKY 진학에 대한 막연한 희망만 품게 하면서 실제로는 하는 것이 없는: 강연회나 뜬구름 잡기식의 멘토링이 아닌)보다는 매일매일(매일매일 자기주도 학습 노트 작성과 어제 오답에 따른 일일 테스트) 성취해 나가고 매주(2회 이상 틀린 문제 유형에 따른 주말 테스트 및 이에 따른 피드백) 성장해 나가게 함으로 써 어느 순간 최전상에 도달하게 하는 실천들이 디 효과적이기 때문이다.

실제 학생들을 가르치는 시간보다 수업이 끝난 후 노트 확인 및 점검 그리고 피드백에 따른 코멘트에 따른 준수 여부 확인 등 꼼꼼함이 뒷받침되어서 칭찬과 근거있는 추궁 그에 따른 시정의 반복을 통한 상과 벌이 객관적이어야 한다. 한마디로 일회성이 아닌 꾸준함 꼼꼼함의 관리를 통해 지속된 노력이 요구되고 이런 지속된 노력은 학생들의 '뇌'를 변화시킨다.

피드백 코칭에 따른 누적 반복

이렇게 남자아이들을 지도할 때 주의할 점은 크게 2가지가 있다.

첫째는 멀티가 아닌 습관 하나만 고치려 노력해야 한다. 남자아이들의 문제점을 단순화시켜서 근본적인 잘못된 습관 하나만 제대로 관찰하여 끝까지 추적하여 시정하게 만든 다음 다른 목표로 나아가는 집요함이 필요하다.

둘째는 선축적-후발산(先蓄積-後發散)이다. 물이 100도에서 끓듯이 끓게 만드는 임계치(臨界値; 어떠한 물리 현상이 갈라져서 다르게 나타나기 시작하는 경계의 수치)는 어떻게 됐든 99도가 아닌 100도다. 물은 절대 99도에서 끓지 않는다. 공부도 마찬가지다. 엄마들의 학습에 대한 착각은 시간과 실력이 정비례로 한다는 것이다. 그러나 실제로는 피드백 코칭에 따른 누적 반복을 거쳐야 (심층 연습) 도약기가 있고 또 정체기가 오고 그 정체기를 피드백 코칭에 따른 누적 반복을 또 거쳐야 실제 성취가 이루어진다. 보통 학원 선생이나 과외 선생들은 학부모 압력이나 자신감의 결여로 이런 누적 반복을 단축하거나 아예 시도를 하지 않는 경우가 실제로 많다. 이렇게 되어서 학습 방법을 자주 바꾸거나 학원을 자주 옮기다 보면 남자아이들은 단순해서 자기가 공부에 소질이 없다고 생각한다.

예를 들어 보통 겨울방학 2개월 동안 단어를 약 2,000개 정도를 외우는데 1차로 다 외운 이 2,000개를 다양한 형태로 (교차 학습) 반복해서 자기 것으로 만드는데 약 6개월이 필요하다. 〈바로스카이〉는 단어집을 1권 모두 외운 후 곧바로 다른 책으로 넘어가지 않고 그 단어집을 7~15회 반복한다. 그러면서 그 단어가 쓰인 용례와 영영식 풀이까지 알아야 그 단어집을 공부했다고 생각한다. 그러나 이렇게 공부를 시키는 학원이나 과외 선생님은 없다.

부모와 갈등 사이
수학 평균 98.3점; 이젠 영어다
_김현종(분당 불곡중학교 2학년)

중학교 때부터 학원을 다니기 시작한 김현종은 의욕은 넘치지만 실천하는 행동이 부족한 경우다. 보통은 엄마가 자녀 교육에 관여하고 아버지는 별로 신경을 쓰는 않는 경우가 대부분이다. 그러나 현종이네는 아버지가 자상하고 꼼꼼한 스타일로 교육에 상당히 관심이 많은 편이었다. 이런 경우 오히려 자녀들은 힘들어 한다. 그 이유는 사춘기의 일반적 특성은 자유방임형의 일종인 자아도취가 많은데 규범형 밑에서 자아도취는 마찰을 빚기 쉽기 때문이다. 만일 마찰을 빚지 않는다면 내면에 그 분노가 쌓인다. 이해하기 쉽게 설명하면 이명박(규범형) 사장 밑에 정주영(자아도취) 회장이 근무한다고 생각하면 이해가 쉽게 될 것이다.

권유의 탈을 쓴 명령

두 아들 키우면서 실수했던 부분인데 아이들 입장에서 보면 기본적으로 엄마는 감정적인 잔소리를 하고 아빠는 자녀를 도와준다는 미명하에 결과적으로는 분석적인 체계적인 잔소리를 한다고 생각한다. 이 책을 읽으면 어떤 점에서 좋고…. 이 책으로 공부하면 뭐가 좋고…. 다 맞는 얘기고 다 옳은 얘기다. 그러나 이것은 '하는 사람' 말이지 '듣는 사람' 입장에서는 '지적질(?)'일 수밖에 없다.

40대 인생의 경륜이 쌓인 입장에서 아들을 위해 고언과 충언을 해주는 것이지만 한창 반발이 심한 10대 초반에서는 오히려 역효과가 날 수밖에 없다. 먼저 아이들은 부모가 겪은 경험과 지식이 없기 때문에 제대로 이해를 하지 못하고 고개를 끄덕거렸거나 안다고 한다. 애들은 이해가 잘 안 되었거나 할 의사가 없어도 알겠다고 할 때가 많다. 만일 모른다고 하거나 이해가 안 되었다면 또 붙들고 얘기할 것이 뻔하기 때문이다. 일단 자리만 피하고 보자는 것이다.

아이들이 공부를 하거나 어떤 일(프로젝트)을 시키거나 할 때는 반드시 호기심의 공백 이론이 필요하다. 공백을 채우고자 하는 열정, 누가 옳은지 알고 싶다는 궁금증이 미끄럼틀과 정글짐의 유혹보다도 훨씬 강력하다. 그러나 뻔한 결론과 의논이 아닌 권유의 탈을 쓴 명령은 그 자체로 지치기도 하고 교육전문가로 자처하는 저도 두 아들에게는 (특히 큰아들) 나름대로 체계적이라 생각하고 시켰던 것들이 지금 돌이켜보면 완전 실수 제조기였던 것 같다.

프레임 바꾸기

『장자』를 예전 대학 시절에 읽었을 때는 그 허무맹랑함 때문에 이해하지 못했는데 요즘 다시 읽는데 정말 공감하고 있다. 20대 감성으로는 이해를 못했지만 인생의 단맛과 쓴맛을 어느 정도 맛본 40대 후반 연륜이 그 재미없었던 장자의 숨겨진 뜻을 깨우치게 된 것이다. 그중 하나를 소개하자면 새가 다리가 부러져서 우연히 주운 왕이 새를 위해 맛있는 것들로 연회를 자주 열어준다. 예쁜 무희가 춤도 추게 한다. 그러나 어쩐 일인지 왕의 지극정성에도 새는 시름시름 앓다 죽는다. 그러자 왕은 괘씸하다고 내다 버리라고 한다. 이때 나이 많은 신하가 (여기서 나이 많은 신하가 등장하는 것은 바로 현명한 사람을 나타내기 위함이다.) "새가 원한 것은 지렁이지 예쁜 무희나 고기반찬이 아닙니다. 그것은 전하가 좋아하는 것일 뿐입니다."

우리 자녀들도 마찬가지다. 정서적 공감과 지지를 원했던 것이지 지적이나 관리를 원했던 것은 아니다. 사춘기는 부모 슬하의 자녀가 독립된 개체로 나아가는 과정이다. 부모 입장에서 조바심 나고 안타까운 순간들이 많겠지만 자녀들 입장에서 보면 불안하고 격정적인 시기이기 때문에 무엇보다도 정서적 지지가 중요하다. 일단 마음을 내려놓고 차분히 어떻게 하면 자녀의 입장을 이해할까? 프레임을 바꾸면 오히려 궁극적인 목표인 학업 성적이 향상된다. 그 이

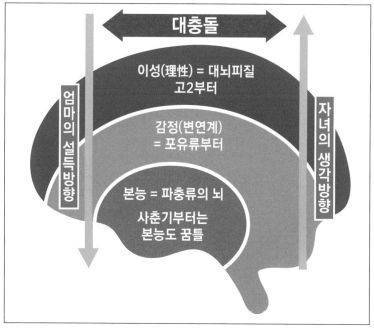

▲ [자녀의 두뇌]

유는 아이의 뇌는 본능, 감정, 이성으로 되어 있다. 먹고, 잠자는 본능이 제일 먼저이고 그 다음 감정이 충족되어야 공부할 수 있는 이성이 작동을 한다.

그림에서 보듯 부모와 자녀의 생각 흐름이 정반대이기 때문에 마찰이 빚어지고 갈등이 생기는 것이다. 어쨌든 이런 경우 힘들어도 자녀가 요청하기 전까지는 조언이나 충고를 자제하는 것이 더 나은 결과를 가져온다. 모든 학습에 대한 책임과 가이드를 일임 받고 난 후 김현종의 실력을 테스트 하니 문제점이 하나 둘 나타난 것이 아니었다.

혼자 생각하고 혼자 푸는 힘

초등학교 때 영어 학원은 전혀 다니지 않았고 수학 학원은 다녔지만 그렇다고 수학을 제대로 공부하고 중학교 과정을 들어간 것이 아니었다. 중학 과정은 전혀 없고 초등 수학도 완벽히 끝내 놓지 않은 상태에서 지도하게 된 현종이는 책상에 오래 앉아있는 태도도 몸에 배어 있지 않아서 겨울방학 트레이닝(아침 9시에 와서 밤 10시까지)을 아주 힘들게 보냈다.

수학을 공부할 때 개념을 익힌 후 유형으로 들어갈 때(익힌 개념을 문제로 적용) 의존형 공부나 수학을 체계적으로 공부하지 않는 학생들은 무척 힘들어 한다. 더군다나 〈바로스카이〉는 수학 문제 풀

이 시 모른다고 하면 팁(간단한 힌트)을 줄 뿐이지 절대 풀어주지 않기 때문에 더 힘들었을 것이다. 그럼 왜 개념에서 문제 풀이 과정으로 들어가면 학생들이 어렵게 생각할까? 보통 개념을 배울 때는 선생님 또는 인강으로 익힐 수 있다. 여기까지는 수동적 학습 태도로 버틸 수 있다.

쎈수학의 A단계까지가 여기에 해당한다. 나온 문제들도 별로 머리를 쓰지 않고 풀 수 있는 문제들이 대부분이다. 이제 B단계로 들어서면 생각할 것이 많아지고 집중을 해야 된다. 집중력을 가지고 공부한 경험이 없는 학생들은 그 자체가 싫은 것이다. 힘들게 B단계를 넘기고 C단계로 들어가면, 거의 멘붕 상태다. (공부를 처음 시작하는 학생들에게는) 그래서 과외 선생님이나 학원은 기초반 학생들에게 C단계는 건너뛰고 두 번째 풀 때 푸는 곳도 많다.

〈바로스카이〉는 C단계를 풀지 못하면 B단계 같은 유형을 풀게 한 후에 C단계를 다시 풀게 하고 그래도 못 풀면 패턴 수학의 B단계 같은 유형을 풀게 하고 다시 도전하게 한다. 물론 그래도 C단계를 풀지 못하는 경우가 있다. 그럼 C단계 문제를 외우게 한 후 (이 정도 되면 문제는 거의 저절로 외워지게 된다.) 선생님이 풀어준다. 과외나 학원들의 문제점이 뭔지 제대로 모르는 부모들이 많다. 사교육의 가장 큰 문제점은 생각할 시간적 여유나 궁리할 짬을 제대로 주지 않는다는 것이다. (이것은 초등학생 때 부모가 수학을 가르치는 경우도 마찬가지다.) 혼자 생각하고 혼자 푸는 힘을 키워주기 때문에 이런 훈련이 되지 않는 현종이는 매일 한숨을 쉬며 "전 왜 수학을 해도 해도 안 될까요?" "그건 네가 익혀야 될 것을 모두 익히고 오지 않았기 때문이야!"라고 다독거렸다. 그러면서 구체적으로 실천하는 팁을 주었다.

"왜 이렇게 실력이 빨리 안 늘지?"

보통 부모들이나 초보 선생들이 아이들을 가르칠 때 "최선을 다해라." "열심히 해라." 이런 말들을 하는데 이는 안하느니만 못하다. 가장 실력이 엇비슷한 친구를 골라 "누구보다 매일 30분씩 공부를 더하라"라고 구체적으로 말하는 것이 훨씬 효과적이다.

현종의 라이벌로 윤혁이를 지정해 주었다. 무조건 윤혁이 보다 매일 30분 이상 공부를 하고 집에 귀가 했다. '사람들을 사랑하라'는 말보다 '미소를 지어라'라고 말하는 것이 실제 더 도움이 되는 것처럼 이렇게 구체적인 행동 지침을 주어야 아이는 따라할 수 있다. 보통 중학 수학이 잡히려면 겨울방학을 이용한 하드 트레이닝을 포함해 6개월 정도 걸린다. (만일 겨울방학 하드 트레이닝을 하지 않으면 더 걸림 / 방학 때 수학만 하루 8시간 30분, 영어 3시간이다. 아침 9시 등원 밤 10시 귀가인데 현종이는 10시 30분 귀가.)

불곡중학교 학생 김현종은 1학년 중간고사에서 98점, 기말고사에선 96.5점, 2학기 중간고사는 99점, 기말고사는 드디어 100점을 맞았다.

이렇게 1년 동안 수학을 안정시켜 놓고(중학 수학 1학기는 수와 식이고 2학기 때는 도형이라 1학기 2학기 교과 내용이 확 다름 / 초등학교 때 제대로 수학 공부를 안 한 경우 제대로 수학을 잡는데 1년 걸림) 이제는 영어를 향해 달려가고 있다. 물론 영어 공부를 하면서 "왜 이렇게 실력이 빨리 안 늘지?"하면서….

옆집 아이와 비교하지 말라

의욕이 넘치지만 행동이 따르지 못한 경우는 흔히 부모의 기대에 맞는 이야기나 칭찬, 인정받는 것으로 알기 때문에 일단 입맛에 맞는 얘기부터 하는 것이 습관화된 것에서 비롯되는 경우가 많다.

적당한 수준의 자녀에 대한 기대는 긍정적인 피드백이 오지만 오히려 부모의 지나친 기대는 자녀를 불안하게 만든다. 이런 성과급 사랑은 또래 아이들과 비교하기 때문에 다음과 같은 결과를 초래한다.

성과급 사랑을 받는 아이들의 반응

①부모의 환심을 사려는 아이: 초등 저학년 때 중학교 입학과 더불어 ②~⑤유형으로 바뀜

②부모를 실망시키는 아이: 똑똑하고 가능성 많은 아이들 중에 많은 유형으로 실패에 대해 변명하고 부모의 관심을 다른 곳에 돌려 성취에 대한 압력을 받지 않으려 하면서 결국에는 자기 파괴 및 탈선으로 이어진다.

③부모에게 반항하는 아이: 부모의 통제 싫어하면서도 당당히 자기주장은 하지 못하며 내적으로 무력한 분노와 원망을 야기하다가 다른 식으로 삶 통제 방법 찾음.

④부모를 애태우는 아이: 부모와 애증 관계. 미묘한 방식으로 부정적 감정 표현.

⑤부모를 거절하는 아이

장밋빛 낙관주의 소년
2학기 중간고사 전교 2등; 등수가 아닌 실력에 도전

_허민석(분당 샛별중학교 2학년)

초등학교 1학년 때 미국으로 유학을 떠나 5년을 보내고 분당의 당촌초등학교 6학년으로 전학을 왔다. 샛별중학교 입학하기 전인 2014년 1월에 처음 만난 허민석은 보기 드물게 정서가 안정되어 있는 자신감에 차 있는 소년이었다.

남자아이가 중학교 입학할 때가 되면 사춘기가 육체적으로는 아니라도 정신적으로는 오는 게 다반사다. 허민석은 사춘기 남자 특유의 산만함은 없어서 좀 의아했는데 그 이유를 아버지를 만나고 나서야 알게 되었다. 아들에게 아버지는 정말 중요한 롤모델이다.

과거에는 농경 사회가 가정의 기본적 패턴을 결정하는 구조라서, 아버지뿐 아니라 할아버지, 경우에 따라서는 숙부까지 한 지붕에서 사는 일이 많았다. 이런 환경에서는 원칙적으로 아들은 아버지의 모범과 본을 받지 않으려야 않을 수 없는 환경이었다. 그러나 핵가족화 되고 산업 사회화가 되면서 아버지는 격무로 인해 자녀 교육에 소홀할 수밖에 없게 되었다. 자녀 교육의 책임이 자동적으로 엄마에게 주도권이 가게 되었다. 여기서부터 문제가 시작된다.

"아무거나"

여자의 뇌는(엄마) 사춘기 아들의 뇌를 이해할 수 없다. 초등학교 3학년부터는 아빠가 친구처럼 함께 놀아주면서 동시에 롤모델이 되어야 한다. 그럼 어떻게 사랑을 주고 가까이 곁에 있어 주는 아버지가 될까?

요즘 세계적으로 단연 화두가 되는 게 바로 프렌디(friendy)다. 친구처럼 친하게 지내 주는 아빠! 우리나라에서는 '프렌디'라고만 하면 '프렌드'와 바로 식별이 안 되어서, '프렌대디'라고 말을 좀 더 붙여 부르는 모습도 자주 본다. 사실 '프렌디 스타일'은 한국 사회에서는 이미 자리 잡은 지 오래다. 어느 아빠가 요즘 아이를 엄하게 가르치고 매를 드는가. 어떤 때 보면 엄마보다 더 싸고도는 게 한국의 아빠들이다. 단순히 민석이 아버지가 '프렌대디'였다면 그렇게까지 감탄을 하지 않았을 것이다. 진정한 아버지는 '프렌대디'+'훈육트레이너'가 돼야 한다.

아빠와 아버지는 다른 개념이다. 친하게 지내는 아빠는 누구나 될 수 있지만 훈육트레이너라는 개념까지 포함하는 아버지는 누구나 될 수 없다. 〈바로스카이〉는 월~토요일에는 식사를 제공하지만 일요일은 근처 식당에서 단체로 먹는다. 인솔 선생님이 메뉴를 물었다. 한 친구가 "아무거나"라고 대답을 하자 뒤에 있던 허민석 군이 말했다. "우리 아빠가 '아무거나'라는 말은 선택을 하지 않은 것이고 우리 인생은 선택으로 이루어져 있는데, 그런 선택을 회피하면 무색무취한 사람이 된대요. 나도 엄마가 물어봤을 때 그렇게 대답했다가 아빠가 20분 동안 설명해 줬어요. 나는 짜장면요." 이를 인솔 선생님에게 전해 들었을 때에 적잖은 충격이었다.

상위권은 되어도 최상위권은 어려운 이유

허민석 군의 아버지는 친구처럼 지내지만 필요할 때는 과감하게 다소 전통적인, 절제 있는 엄한 아버지상을 아들에게 가르쳐 주고 있다. 이는 사실, 말은 쉽지만 이렇게 정도(正道)를 잡기가 쉽지 않다. 엄격하면서도 흔들림 없이 인생의 좌표가 되어 주는 아버지 그러면서도 친구처럼 놀아주는 아빠, 아들이 제일 존경하는 사람과 친한 사람을 꼽을 때 아버지라고 대답하는 사춘기 아이들은 거의 없다. 허민석과 동생 민준이는 주저 없이 아버지를 꼽았다.

엄마가 바뀌면 아이는 스스로 간다 **공부 철칙**

평원한 가정에서 자란 허민석 군은 노력을 해서 어느 정도 수준이 되면 만족해하고 넘치는 낙관적인 태도를 가진 것이다. 한마디로 악착같은 근성이 부족했다. 낙관적인 태도 자체가 나쁜 것은 아니지만 이런 태도를 계속 갖고 있다면 상위권은 되어도 최상위권은 될 수 없다.

왜 최상위권이 될 수 없을까? 지나친 낙관주의자들은 현실적, 객관적 사실에 눈을 감아버린다. 심리학자들은 이들을 '비현실적 낙관주의자(unrealistic optimist)'라고 부른다. 일반적으로 IQ가 높은 아이들한테서 많이 나타난다.

이런 학생들은 초등학교나 영어와 수학 문제가 어렵게 출제되지 않은 중학교에서는 통한다. 그렇지만 준비되지 않는 상태에서 고등학교 진학하면 큰 곤경에 빠진다.

허민석 군은 점점 성적이 올라 1학년 2학기 중간고사 때 전교 2등을 했다. 그러자 안주하는 경향이 절정에 달했다. 이것을 깨우치지 않고서는 미래는 없다고 생각하고 암기 과목 공부할 시간을 전혀 주지 않았다. 샛별중학교는 영어와 수학 문제가 그리 어렵지 않다. 그래도 영어와 수학을 집중적으로 공부시켰다. 당연히 암기 과목 점수가 떨어지면서 전교 등수도 떨어졌다. 떨어진 전체 등수보다는 민석이에게 필요한 근성을 키워주기 위해 여기에 맞는 책들을 읽게 하고 그 내용을 자신에게 투영하게 했다. 그리고 그것을 일주일 학습 플랜에 반영하여 실천하게 했다.

일주일 플랜 학습법을 중심으로 본인이 스스로 세운 계획을 실천하다 보면 토요일까지 끝내기가 어렵다. 일요일 예배를 마치고 스스로 등원해서 어떻게든 끝내는 모습을 보이기 시작했다. 이렇게 본인 스스로 깨우치는 것이 중요하다. 외부적인 압력으로 변화가 되는 것은 그때뿐이다. 중학교 전교 등수는 대입과 무관하다. 중요한 것은 국어, 영어, 수학의 점수다.

「마녀쌤」의 비밀 병기

겸손해야 오류를 잡을 수 있다

현실적인 걱정이나 의심을 덮어버린 낙관 일변도의 상상은 오히려 역효과를 낳는다.

다음은 미국의 대학들에서 실험한 내용이다.

캘리포니아대학교의 팸 교수는 학생들에게 며칠 후 치를 중간고사에서 높은 점수를 얻는 장면을 매일 몇 분씩 상상해 보도록 했다. 상상할 땐 기분이 좋다. 하지만 좋은 기분이 정말 현실로 나타났을까? 최종 점수를 비교해 보니 매일 상상에 매달린 학생일수록 점수가 낮았다.

펜실베이니아대학교의 외팅겐 교수도 졸업반 학생들에게 취업에 성공한 장면을 자주 상상해 보라고 했다. 그리고 2년 후 결과를 조사해 보았다. 역시 상상에 빠졌던 학생일수록 취업률도 떨어졌고, 보수도 적게 받았다.

"도대체 왜 이런 결과가 나오는 거지?"

외팅겐 교수는 136명을 세 그룹으로 나눈 뒤 각기 다른 방법으로 문제를 풀어보도록 했다.

①문제가 이미 풀렸다고 상상한다. 고민하던 문제가 풀려 기뻐하는 자신의 모습을 상상한다.

②현실적으로 부정적인 면만 생각한다. 현재 내가 안고 있는 문제, 마주칠 수 있는 걸림돌 등만 생각한다.

③문제가 이미 풀렸다고 상상한 뒤, 현실적으로 부정적인 면을 생각한다. 즉 꿈이 이미 이뤄졌다는 상상과 현실적으로 부정인 생각을 대조시킨다.

어떤 방법이 가장 효과적이었을까요?

❶문제가 이미 풀렸다고 상상한다.→성공률이 가장 낮았다.

❷현실의 부정적인 면만 생각한다.→성공률이 두 번째로 낮았다.

❸문제가 이미 풀렸다고 상상한 뒤, 현실의 부정적인 면을 생각한다.→성공률이 단연 최고였다.

＊

첫 번째 방법은 왜 성공률이 낮았을까요? 마음속에 내재된 부정적 생각을 무작정 덮어버렸기 때문이다. 그럴 경우 앞서 수험생의 경우처럼 부정적 생각은 더욱 거세게 일어난다. 그럼 세 번째 방법은 왜 가장 효과적이었을까? 내재된 부정적 생각을 덮어버리지 않고 자세히 살펴보았기 때문이다. 학생들은 겸손해야 최상위권이 될 수 있다. 왜냐하면 겸손해야 오류를 잡을 수 있기 때문이다.

■ 교육 특구로 이사 온 모범생
100점과 80점 온탕과 냉탕; 최상위권을 향해
_이수경(분당 늘푸른중학교 2학년)

　　　　　　　　　수경이는 경기도 안산시 상록구 사2동에 있는
시곡중학교에 입학했다. 교육열이 높은 부모 덕분에 안산보다 더
좋은 교육 여건인 외갓집이 있는 분당으로 공부방을 다녔다. 중학
교 1학년 1학기 기말고사를 일주일 앞두고 분당의 늘푸른중학교로
전학을 왔다. 세 남매를 둔 부모의 결단이었다. 이사로 인해 어수선

한 집안 사정과 전학으로 달라진 교육 환경에서 치른 기말고사지만 그동안 열심히 공부했지만 결과는 처참했다.

시곡중학교에서 치른 1학기 중간고사는 영어와 수학 모두 100점이었다. 그러나 늘푸른중학교에서의 기말고사는 영어 80점, 수학 79점이었다. 한마디로 지역 간 수준 차이를 확실히 느끼게 해준 시험이었다.

늘푸른중학교에서 시험을 본 느낌을 묻자, 수준 차가 너무 나서 놀랐다는 것이다. 가장 큰 차이는 수업 방식과 친구들 수준 차라고 했다.

"시험을 왜 이렇게 못 봤니?"

시곡중학교는 선생님이 판서하면서 일방적으로 가르친데 반해 늘푸른중학교는 4~6명이 한 팀을 이뤄서 조별 활동으로 수업을 진행한다. 참여도가 높을 수밖에 없어 늘푸른중학교로 온 후에는 긴장을 늦출 수가 없었다. 시곡중학교의 경우는 친구들이 토론 수업이 없어 남의 의견을 무시하거나 받아들이지 않는 경우가 많았는데, 늘푸른중학교 친구들은 설사 말이 되지 않더라도 끝까지 들어줘서 신선한 충격이었다고 했다.

분당 지역에는 혁신학교가 2곳이 있다. 늘푸른중학교와 판교의 보평중학교로 토론 수업을 하고 조별 발표를 하는 등 일종의 하브루타 교육을 시킨다. 충격의 기말고사를 치루고 나서 그동안 공부했던 것의 문제점을 노출하고 방법론을 찾기로 했다. 흔히 시험을 보고나면 부모들은 "시험을 왜 이렇게 못 봤니?"라고 다그칠게 아니라 어떤 것이 문제이고 어떻게 발전시켜야 될까? 이 상황을 어떻게 하면 낫게 만들까? 학습자형 질문으로 문제를 해결해야 된다.

시험을 분석할 때는 크게 2가지로 나누어서 한다. 자녀의 문제에서 바라봐야 될 경우와 시험 자체 유형으로 구분을 한다.

개인적인 문제의 접근은 애들과의 관계에서 신경을 많이 쓴 편이고, 시험에서 영어는 교과서가 바뀌고 학교에서 나눠준 프린트를 공부할 시간이 없었다. 수학은 시곡중학교보다 훨씬 난이도가 높은 문제가 출제되어 이에 대해 충분한 대비가 필요하다는 진단이었다. 또한 중간고사 때는 교과서를 꼼꼼히 보지 않고도 좋은 성적이 나와서 늘푸른중학교에서 치른 기말고사도 시곡중학교에서 준비하던 방식으로 했기 때문에 교과서에 기반을 한 응용문제를 많이 틀렸다. 이에 맞춰 여름방학 때는 아침 9시부터 밤 10시까지 일주일 학습 플랜에 맞춰 교과서와 난이도 있는 문제 위주로 공부를 했다. 그리고 치른 2학기 중간고사 영어 100점 수학 96점을 맞았다.

전학 온 건 행운

이것은 표면적인 내용 다시 말해 명시적(明示的) 이야기이고 진짜 중요한 내용은 암묵적(暗默的; 드러나지 않는 진짜 이유) 이유에 있다. 입시에 성공한 학생들 책을 사주고 읽으라고 하고 나서 "우리 애는 그런 책을 읽어봤자 아무 도움도 안 된다."는 분들이 있다. 그렇지만 학생들 입장에서 보면 그런 책들은 당연히 효과를 보지 못한다.

박철범의 『하루라도 공부할 수 있다면』을 예로 들면 박철범 개인은 참으로 훌륭한 사람이다. 부모 이혼하고 사업에 망해서 빚쟁이가 학교까지 찾아와서 맘 편하게 하루라도 제대로 공부했으면 좋겠다는 내용인데 그 친구의 유일한 탈출구는 공부였고 (물론 나쁜 길로 갈 수 있으나 공부를 선택한 건 대단한 것이긴 하다) 결핍을 모르고 커온 아이들은 탈출구가 여러 가지가 있다. 따라서 부모 입장에선 박철범은 "그런 상황에서도 공부를 했다." 그걸 말하고 싶어서 책을 읽게 했지만 아이들 입장에선 "그래서 뭘 어쩌라고, 그건 그 사람 인생이고…" 이렇게 하나의 사실을 갖고도 서로 입장이 다르다.

따라서 진짜 그럴 수밖에 없는 이유에 대해서 통찰이 이루어지지 않은 상태로 겉에서 드러난 이유만 보고 진단과 처방을 하면 오히려 역효과가 난다. 그래서 롤모델을 만들어 주려고 사준 책이 오히려 역효과만 보는 경우가 많다.

수경이가 늘푸른중학교로 전학을 온 건 행운이다. 왜냐하면 수경이는 '모범생' 타입이라 시곡중학교처럼 주입식 공부로 평가하는 학교에 다니면 본인이 부족한 것을 제대로 깨달을 수가 없다. 이렇게 공부하다 고등학교에 진학하게 되면 본인이 무엇이 부족한지 모른 채 모의고사나 수능에 원하는 성적을 얻지 못한다. 이런 모범생들은 범위가 많지 않은 암기식 내신 시험에서는 가공할 위력을 발휘한다. 그러나 혁신학교처럼 통합적 사고력이 중시되는 시험은 난감하다.

분당 내 학교들이라고 모두 수준이 높은 건 아니라서 영어와 수학의 점수가 높다고 실력이 있다는 것은 착각이다. 그러다 대입에 낭패를 보기 쉽다. 샛별중학교, 양영중학교, 불곡중학교 이런 학교들은 안산의 시곡중학교나 별반 다를 바가 없다.

분당의 서현중학교, 백현중학교, 늘푸른중학교, 이우중학교 강남의 대왕중학교, 대명중학교, 휘문중학교 목동의 월촌중학교, 신목중학교 잠실의 오륜중학교는 내신 시험에 종합적 사고력을 묻는 문제를 낸다. 하지만 일반 중학교에서는 단기 기억에 강한 모범생들이 최상위권을 차지한다.

마지막 2% 필요한 것

아무리 지도 교사가 학교의 차이나 고등학교에서 공부 잘하는 방법을 설명해도 아직 어린 나이라 환경 및 분위기에 지배를 받는다. 우물 안에 개구리는 우물에서 바라보는 하늘밖에 못 보는 것과 같은 이치다. 수경에게 중점을 두고 가르친 건 지식을 누적할 수 있는 역량과 통합적 사고력이다. 본인이 몸으로 깨달았기 때문에 오히려 지도는 쉬웠다. 학습 목표나 핵심 원리를 다르게 표현한다든지 암기식이 아닌 학습 맥락을 파악하는데 중점을 두고 피드백을 해 주었다. (7인출 중에 첫 번째 PERMA 전환 질문 사고 인출 참고, "어떻게 하면 이것을 제대로 익힐 수 있을까?"로 질문을 전환하여 다음 5가지를 스스로 질문해 보는 것이다. ㉠학습 목표는 무엇인가? / ㉡이 글을 쓴 사람의 의도는? / ㉢이 내용을 어떻게 정리할까? / ㉣이 내용을 어떻게 해야 내 것으로 만들 수 있을까? / ㉤이 내용이 어떻게 문제로 나올까?)

이렇게 공부할 때 마다 5가지 질문을 먼저 스스로 던지게 하고 공부를 시켰다. 이처럼 본인이 중학교 때 특히 중학교 1학년 때 학습의 요체를 깨달으면 고등학교 때는 날개를 단 듯 발전한다. 중학교 때는 이처럼 공부 방법과 학습 원리를 깨달아야 된다.

"여름방학 내내 아침 9시부터 밤 10시까지 열심히 공부해서 성적은 올랐다." 이런 것이 중요한 게 아니라. ①학교의 차이란 것이 있구나! 또 ②통합적 사고력을 키우려면 어떻게 해야 되는가?

이런 질문과 생각을 통해 자기 자신을 성찰했다는 점에서 수경이는 한 뼘 더 자랄 수 있었다. 이렇게 학습적인 것은 만족스럽게 성장하고 있었지만, 스트레스에 많이 시달렸다. 본인 스스로 부모의 기대에 부응하기 위해 열심히 노력하지만 아쉽게 목표에 도달 못할 때가 많다고 스스로 느끼면서 그 마지막 2% 필요한 것이 무엇인지 본인이 답답해하고 있었다. 이런 영향으로 시험 때가 되면 긴장을 해서 밥도 못 먹고 소화 장애로 시달렸다. 또한 본인이 멘토링에 강점이 있다는 걸 알고 열심히 부족한 친구들을 도와주었건

만 이를 아니꼽게 지켜보는 다른 학생의 편 가르기에 심신이 지쳐
있었다.

"나는 네 편이다"

여학생들은 3명 이상이 되면 편 가르기가 나타난다. 공부는 이성
적(理性的) 활동이기 때문에 정서가 안정되어 있지 않으면 효과가 나
지 않는다. 실제로 중학교 여학생들을 살펴보면 친구 관계로 스트
레스를 받는 경우가 많다. 이럴 경우에는 부모보다는 모든 것을 아
우를 수 있는 여자 멘토가 필요하다. 수경이는 「마녀쌤」과 이틀에
한번 꼴로 단둘이 허심탄회하게 얘기를 나누었다.

객관적으로 「마녀쌤」과 수경이의 싱크로율(정확도)은 99%다. 승부
욕도 강하고 책임감, 스트레스를 받으면 일절 음식을 먹지 못하고
먹더라도 토하며 설사가 다반사였다. 「마녀쌤」은 본인의 성장 과정
에서 겪었던 시행착오에 대해 창피하지만 진솔하게 얘기해 주었다.

「마녀쌤」은 대학원은 연세대를 입학했지만 대학은 SKY가 아닌
정시로 한양대를 간 이유가 수경이처럼 시험 때가 되면 긴장하고
친구들 사이의 과잉 경쟁으로 인한 스트레스 해소가 결국에는 제
실력을 발휘하지 못하게 되었다. 이처럼 "너 고쳐라!"가 아니라 본
인이 겪은 성공담이 아니라 실패담으로 공감을 형성하고 충분히
감정을 받아주어 발산하게 하고 나서 본인 스스로 해결책을 제시

하게 만들어야 된다고 알려주었다.

주변의 소중한 사람들이 곤경에 빠지거나 어려운 처지에 놓여있을 때 기껏 그들을 돕겠다고 나서는 일을 더욱 악화시키고 오히려 사이가 멀어지는 일이 종종 있다. 한마디로 좋은 의도로 접근했는데 오히려 역효과가 나는 것이다. 왜 이런 일이 발생할까? 그들이 벙커나 늪에서 빠져나오게 하기 위해 우리는 훈계성 충고를 하거나, 들볶거나, 애원하거나 협박한다. 그러면 상대방은 오히려 자기 안으로 더욱 깊이 틀어박혀 입을 다물고 누구에게도 자신이 왜 그랬는지 (핑계의 이유가 아닌 진짜 이유에 대해) 무엇을 하고 있는지 말하지 않는다. 그리고 나선 더 그 길로 (제3자가 보기에 잘못된 길) 달아난다.

왜냐하면 이제는 자신의 생각이 완전히 사리(事理/이치)에 옳다는 것을 입증할 인센티브(의무)가 생겼기 때문이다. 충고한 사람들에게 자신이 옳다는 걸 증명해 보이고 싶은 욕구가 솟구친다는 의미이다. 이때는 상대방이 절벽에서 더 뒷걸음치기 전에 자신이 존중과 지지를 받고 있다고 느끼게 해야 된다.

"나는 네 편이다."라는 생각이 상대방에게 충분히 끼어들 때까지는 문제에 대해 얘기하지 말아야 된다. 그리고 나중에 도움을 청하면 그때 이야기한다. 그러면 어떻게 해야 상대방이 마음의 문을 열까? 유능한 정신과 의사는 치명적이나 인간적인 자신의 실수나 단점을 먼저 이야기해야 한다고 말한다.

「마녀쌤」의 장점은 바로 이것이다. 본인이 성장 과정에서 수경이

가 가장 공감할 수 있고 인간적이며 어떻게 보면 창피한 얘기를 들려주었다. 보통 베테랑 남자 선생님이면 가능하지만 미혼의 젊은

여자 선생님은 극히 드물다.

말하지 않는 후유증

「마녀쌤」어머니의 직업은 초등학교 교사였다. 첫째 딸이라 기대가 컸던 어머니는 시험을 못 보면 손찌검을 했다. 그래도 인정을 받기 위해 열심히 노력했지만 경과보다는 시험 결과로만 말하는 어머니의 인색한 칭찬에 좌절도 많았다.

시험 1~2주 전부터 신경성 소화불량과 편두통에 시달렸다. 자기감정을 발산하지 못한 채 억압해 둔 것이 자기 방어 기제로 작동한 것이다. 특히 어머니의 꿈이었던 명덕외고를 떨어지고 당시 명문인 광명 진성고등학교를 진학했다.

그러나 고입 입시의 후유증으로 내내 고생해서 본인의 실력보다 낮은 한양대를 합격했다. 어머니는 그동안 자식의 훈육에 대한 잘못을 인정하고 재수는 반대하여 한양대를 졸업했다는 이야기는 이미 들었다. 「마녀쌤」은 이런 이야기를 수경에게 먼저 해 주었다는 말을 들었을 때에 마녀(?)라는 별명의 원동력은 여기서부터 시작이라고 생각이 들었다.

「마녀쌤」의 체계적이고 효율적인 멘토링을 거친 수경은 한층 안정된 상태로 공부를 했다. 나중에 수경이 어머니에게 이런 얘기를 들려 드렸더니 한숨을 쉬면서 수경이가 시험 노이로제가 걸린 것은 모두 본인 탓이라며 후회를 했다.

수경 어머니는 가족 앨범을 정리하면서 보니 수경이가 각종 대회에 나간 게 '만 24개월부터였다'고 했다. 그러면서 어릴 때 워낙 잘 따라하고 영특해서 이 대회 저 대회 나가보지 않는 대회가 없었고 영재 교육이란 건 다 받았는데 이렇게 정서에 기반 되지 않은 교육은 문제가 있다는 걸 초등학교 1학년 때 깨닫고 그만두었는데 그 후유증이 중학교 진학해서도 있었던 거 같다면서 놀랐다.

최상위권에게 특별함이란

아이가 시험 스트레스를 받는 건 시험 점수나 결과에 엄마 표정이 좌우된다는 걸 잘 알고 있기 때문이다. 엄마들은 "난 안 그래요." 하지만 아이들은 눈빛과 말투로 먼저 느낀다. 과연 내가 성적에서 자유로웠는가? 자문해 보면 꼭 그렇지만은 않았다는 것을 느낄 것이다. 무릇 모든 문제는 크게 2가지로 나뉜다는 것을 명심해야 한다.

수렴과 발산 그 두 가지다. 예를 들어 자동차를 산다고 가정을 하면 정보를 많이 모아서(수렴) 판단을 하면 된다. 그러나 대부분의 인간관계는 발산이 문제다. 특히 자녀와의 관계는 더욱더 심각하다.

먼저 상대방(자녀)이 충분히 발산 하게끔 공감대를 만들고 더 발산할 것이 없는 상태가 되어서 상대방(자녀)이 도움을 요청하면 그

때 수렴하는 단계로 넘어가면 된다. 자녀의 기분, 상황, 감정에 대해 충분히 듣기도 전에 아이의 발산을 막고 부모 자신의 감정이 앞서서 훈수만 늘어놓을수록 상황은 악화된다. 완벽하고 완전한 발산이 이루어지기 전에 서로 더 많이 말하면 할수록 상황은 더 악화될 뿐이다.

그럼 어떻게 해결할 것인가?

더 깊은 곳까지 내려가 차이를 만드는 배후의 가치를 찾기 전까진 어림없다. 발산하는 문제를 가지고 수렴하려고 (왜 그래?) 하면 마찰만 빚는 다는 걸 명심해야 한다. 상대가 발산하기 전 절대 조언 또는 언급하지 말아야 한다. 왜냐면 상황이 어떠했든 간에 본인 생각에는 항상 옳기 때문에 마찰만 빚어지기 때문이다. 무릇 인간관계에서 마찰이 빚어지는 이유는 서로 다른 가치를 지니고 있다는 데서 문제는 출발한다.

30대 후반에서 40대 초반인 엄마와 10대 중반인 아이가 가치관과 철학이 같다면 오히려 그게 더 이상한 것이다. 좀 더 빨리 해결하고 (수렴하는 단계로) 싶다면 자녀의 입장에서 자녀 본인 스스로 만족할 때까지 충분히 되풀이해서 짚어주기 전까진 자신(부모)의 입장 (충고나 조언)을 절대로 피력하거나 주장을 하면 안 된다.

그럼에도 불구하고 우리는 애원, 강요, 심지어는 협박까지 한다. 부모들과 자녀 문제로 컨설팅하면서 자녀의 모습을 인정하지 않고 부정하거나 다양한 방법으로 시도해도 결과는 나아지지 않아 포기하는 악순환의 경우를 많이 보았다. 흔히 저지르는 잘못된 접근 방법을 알아차리고 아이를 바꾸려 들기 전에 부모 스스로 자녀를 충분히 이해했는지 그리고 내가 도움을 줄 준비가 됐는지, 그리고 무엇이 옳은 교육인지 되돌아 봐야 된다. 이렇게 내면적인 치유를 함께 해가는 수경이에게 늘푸른중학교는 또 한 번 최고의 선물을 안겨주었다.

2학기 중간고사 영어 시험은 범위 내에서 나눠 준 프린트에서 응용으로 출제되어 100점을 맞았지만, 2학기 기말고사에서는 나눠주지도 않은 외부 지문에서 30% 출제했고 외부 지문 만 틀려서 80점으로 다시 주저앉았다. 그런데 수경이에게 더 큰 충격은 범위 밖의 시험 문제가 나왔는데도 100점짜리가 수두룩하다는 것이다. 분당에 워낙 영어를 잘하는 아이들이 많기도 하지만 늘푸른중학교 친구들을 보면서 영어를 폭넓고 깊게 하면 어떤 시험 문제도 풀 수 있다는 걸 배웠다.

만일 시곡중학교를 계속 다녔다면 자신의 정확한 영어 실력을 깨달을 수 없었을 것이다. 늘푸른중학교 2학기 기말고사처럼 고등학교 모의고사나 수능은 범위가 정해 있지 않다.

영어 공부에 최우선은 단어

현재 고등학교 1학년부터는 절대평가가 시행된다. 이처럼 영어를 잘하는 학생은 영어 자격을 빨리 따고 딴 과목에 집중할 수 있다. 수경이는 겨울방학 때부터 미친 듯이 영어를 깊게 폭넓게 공부하기 시작했다. 그럼 영어를 깊게 폭넓게 공부하는 게 뭘까? 어휘력을 확장하는 게 가장 빠르다. 영어 학원에 가면 듣기, 영단어, 문법, 독해 이렇게 4권의 교재를 가지고 하루 2시간 혹은 3시간을 로테이션하다가 시험 때가 되면 학교별 영어 교과서를 가지고 정리해 준다. 이렇게 해서는 근본적 실력이 늘 수 없다. 듣기의 단어 다르고, 문법에 나온 단어 다르고, 단어 책에 나온 단어 다르고, 독해 나온 단어 다르고, 교과서에 나온 단어 다르기 때문에 이렇게 공부한 학생은 매일 새로운 단어를 외우게 된다. 그러나 이 친구가 제대로 된 단어 책 한권을 제대로 공부해서 다 외우고 난 뒤에 공부를 하면 영단어는 바뀌는 게 아니기 때문에 문법을 공부하든 독해를 공부하든, 영어 교과서를 공부하든 일단 단어는 다시 외울 필요 없이 곧바로 내용으로 들어갈 수 있었을 것이다.

모든 영어 공부에 최우선은 단어다. 단어를 끝내지 않고 영어 공부에 들어가면 한마디로 삽질(?)하는 것이다. 지금 시중에서 공부하기 쉬운 교재는 경선식 영단어 시리즈와 명품보카(중학 영단어를 다 끝낸 학생에 한함)를 추천한다. 영단어 책으로만 공부하지 말고 인강을 들으면서 거꾸로 교실처럼 남들에게 직접 가르치면 큰 효과가 있다. 이번에도 본인이 깨달았기 때문에 지도는 무척 쉬웠다. 특히 겨울방학 때는 속초에서 온 아현이와 짝을 이루어서 거꾸로 교실과 멘토링을 통해 본인의 리더십과 영어 실력을 함께 키웠다.

아무리 좋은 학습법이라도
내 자녀에게 맞아야 한다!!!

엄마들이 실수하는 가장 큰 문제가 공부 스타가 쓴 책과 '대치동 시리즈'들이다. 그 사람이었기에 가능했는데 거기에 자녀를 맞추어서 결국은 자녀를 무능력, 무기력한 병신으로 만들어버린다. 이를테면 『공부 9단 오기 10단』의 박원희 사례처럼 "너도 하루에 영단어 1,000개씩 외워라" 결과는 어땠을까? 당연히 자신감만 잃게 된다. 『하루 공부법』을 사주며 "여기 박철범이란 사람은 채권 추심업체가 (한마디로 빚쟁이) 학교까지 찾아왔는데도 이렇게 공부했다." 박철범은 박철범 나름대로 '상황의 힘'이라는 것이 있다. 다시 말해 거친 인생 굴곡을 거치면서 거기서 다져진 의지, 오기, 근성, 역량이 길러진 것이다. 따라서 우리 자녀들이 쉽게 따라 할 수 없는 사각지대가 분명 존재한다. 그래서 책을 살 때는 희망에 차서 같이 읽고 며칠간 시켜보다 둘 다 좌절에 빠지게 된다.

요즈음은 주요 일간지마다 공부 섹션이(조선일보 '맛있는 공부', 중앙일보 '열려라 공부', 동아일보 '신나는 공부' 등) 일주일 한 번씩 나온다. 매주 성공 사례를 보면서 아이를 채근한다. 그러나 매번 실패한다. 그 이유는 근본적인 것은 보지 못하고 겉모습만 흉내 내기 때문이다. 그나마 가장 일반인이 따라 하기 쉬운 다음의 예를 살펴보아도 이면에 그 학생이 왜 성공했는지가 진짜 성공 이유는 나와 있지 않는 경우가 태반이다. 이 글은 중앙일보에 나온 기사인데, 기사에 나온 사례를 분석해 보겠다.

"쉬어야 공부 잘돼요, 그래서 학교 가자마자 잠부터 자요"

[중앙일보]2014-01-08

"또 쉬냐." 장정우(휘문고2) 군 가족들이 정우 군에게 가장 많이 하는 말이다. 그는 학교에서 돌아오면 1시간은 꼭 쉰다. 밥 먹은 뒤 1시간, 학원 다녀온 뒤 또 1시간을 쉬고 나서야 책상 앞에 앉는다. 각각 3·6살 터울 누나들이 "만날 쉰다."고 핀잔을 줄 만하다. 하지만 정우 군은 "휴식이 공부만큼 중요하다"고 말한다. 학습 준비 과정이라는 거다. 뇌를 쉬게 해줘야 머릿속에 지식을 더 잘 쌓을 수 있다는 주장이다. 정말 그런 걸까. 정우 군은 내신 경쟁 치열하기로 유명한 강남구 대치동 휘문고에서 최상위권이다. 2학년 1학기 중간고사에서는 전교 1등을 했고, 지금까지 전교 3등을 벗어난 적이 없다. 모의고사 성적은 더 좋다.

정우 군은 한국사 같은 암기 과목은 침대에 누워서 공부한다. 책상은 공부하기 전 항상 깨끗이 정리하고, 그날 공부할 교재는 한데 모아 책상 한편에 쌓아둔다.

지난해 6월 모의고사에서는 국어 영역에서만 1문제 틀리고 수학·영어·과학 탐구 영역 만점을 받아 전교 1등을 했다. 비결은 4개의 책상에서 찾을 수 있었다. 공부방 책상, 부엌 식탁, 거실 테이블, 침대 말이다. 정우 군 학습법을 한 마디로 표현하면 '왔다 갔다'다. 공부방과 부엌, 거실을 계속 오가며 공부한다. 그는 한 번도 독서실에 다닌 적이 없고, 학교 자율학습실도 이용하지 않는다. 경직된 분위기가 오히려 집중력을 흐트러뜨린다는 이유에서다.

대신 그는 자기 방 책상에 앉아 수학 문제를 풀다가, 해결이 안 되면 부엌으로 향한다. 그렇게 식탁에서 공부하다 또 집중이 안 되면 거실 테이블 앞으로 자리를 옮긴다. 거실에 가구라곤 책장을 제외하면 이 테이블이 전부다. 아버지·

누나와 함께 공부하는 공동 책상으로, 오전 2~3시까지 함께 공부할 때가 많단다. 거실에 있던 TV는 첫째 누나가 고3, 정우 군이 초등학교 6학년이던 6년 전 안방으로 옮겼다. 산만할 것 같지만 집중력을 높이는 정우 군만의 노하우가 있다. 바로 공부하기 전 책상 정리다. 책상이 깨끗해야 집중이 잘되기 때문이다. 그날 공부할 책은 책상 한 쪽에 미리 전부 쌓아두고, 수학 문제를 풀 때는 답지를 펴 놓는다. 집중력이 최고조에 올라갔을 때 부산하게 책 찾는 번거로움을 피하고, 답지 찾는 시간을 줄이기 위해서다.

정우 군 방에는 독서실용 책상 같은 특별한 장치는 없다. 책상과 침대, 세 벽면을 가득 채운 책장이 전부다. 침대도 그에게는 책상이다. 한국사 같은 암기 과목이나 수학 개념을 익힐 때는 침대에 누워서 할 때가 많다. 중학교 때부터 1시간 이상 책상에 앉아 있으면 허리가 아파 집중력이 떨어졌다. 남들처럼 2~3시간 앉아 있는 건 불가능했다. 그러던 어느 날 침대에 누워 수학 개념을 익혔더니 훨씬 이해가 잘 되더란다. 그 뒤로 '왔다 갔다' 공부법을 본격적으로 시작했다. 자리를 자주 옮길 뿐 아니라 침대에 눕거나, 바닥에 엎드리는 식으로 자세도 자주 바꿨다. 이런 습관이 생긴 데는 첫째 누나 영향이 적지 않았다. 2012년 서울대 영어교육과를 졸업한 누나는 항상 책상에 앉아 바른 자세로 공부했다. 어릴 때부터 봤던 누나의 그런 모습이 정우 군 눈에 그렇게 답답해 보일 수가 없었다. 몸이 스트레스 받는 것처럼 느껴졌다는 거다. 그는 "몸과 마음이 스트레스를 덜 받아야 집중력이 올라가고 두뇌 회전이 잘 된다는 결론에 도달했다"고 말했다.

학교생활도 마찬가지다. 몸과 마음의 스트레스를 푸는 활동을 꼭 한다. 그는 등교하자마자 바로 자리에 엎드려 잠을 잔다. 남들이 수학 문제를 풀거나 예습하는 아침 자율학습 시간 30분 동안 그는 꿀잠을 청한다. 2학년 담임교사는 "처음엔 못마땅했다"고 나중에서야 정우 군 엄마 이행희(49·송파구 잠실동)

씨한테 털어놓았다고 한다. 담임교사는 정우 군이 반 평균이나 깎아먹는 학생일 거라 짐작하고, 중간고사 결과만 나오길 기다렸다고 한다. 그러나 "아침부터 잠만 자니 성적이 그 모양 아니냐"고 따끔하게 충고하려던 계획은 결국 실행할 수 없었다. 정우 군이 첫 시험에서 전교 1등을 했기 때문이다. 정우 군은 "아침에 30분 숙면하면 하루 종일 머리가 맑다"며 "하루 종일 멍하게 있는 것보다 훨씬 효율적"이라고 말했다.

다른 최상위권 학생들이 자습실로 향하는 점심시간에도 그는 운동장으로 나가 친구들과 3대 3 농구 경기를 한다. 점심시간 1시간 중 50분은 농구하고, 10분 간 밥을 먹는다. 농구는 스트레스 푸는 수단이자 삶의 활력소다. 땀 흘려 운동하면 체력이 좋아지고 집중력도 올라가기 때문에 시험 3~4일 전까지는 하루도 빠짐없이 농구를 한다. 모의고사 당일 운동장으로 나간 적도 있다. 정우 군도 한때 점심시간 자투리 시간을 이용해 수학 문제를 풀어보기도 했지만 오히려 역효과였다. 집중이 잘 안되고 몸만 찌뿌드드했다. 그는 "남들 하는 것 따라해 봐야 나한테 안 맞으면 소용없다"며 "결국 아침에 자고, 점심에 농구하고, 자주 쉬고, 왔다 갔다 하는 공부법을 내 것으로 만들었다"고 말했다. 공부할 때도 스스로 완급조절을 한다. 수학 문제를 풀 때는 팝송을 듣는다. 싫증나는 걸 방지하는 동시에 시간 조절이 가능해서다. 4~5분짜리 팝송 한 곡을 들으면서 "이 노래가 끝날 때까지 고난도 문제를 해결하겠다."고 마음먹는 거다. 또 핵심 개념은 머릿속으로 계속 되새긴다. 밥 먹을 때나 차타고 이동할 때 1~2분 동안 집중하며 피타고라스 정리 증명 방법을 순차적으로 정리해 보는 식이다. 영어는 초등학교 4학년 때부터 원서를 읽으며 실력을 쌓았다. 100권 넘게 읽었다. 해리포터 시리즈같이 재미있는 책은 3~4번 넘게 읽어 외울 정도다. 이렇게 어려서부터 원서를 읽은 덕분에 모르는 단어가 나와도 문맥 속에서 의미를 파악하는 게 습관이 됐다. 고등학교에 올라와 따로 문법 공부를 하지 않았는데도 영어 성적이 잘 나오는 이유다.

설렁설렁 공부하는 것 같지만 스마트폰과 게임은 절대 안 한다. 중3 때부터 써 온 스마트폰으로 쉬는 시간에 모바일 게임을 종종 했지만 얼마 전 스스로 반납했다. 쉬는 시간 동안 게임을 하다 보니 책 읽는 시간이 줄었고, 국어 영역 문제를 풀 때 한계를 느꼈기 때문이다. 지금은 다시 쉬는 시간에 책을 읽는다.

정우 군의 좋은 성적엔 부모 역할이 무엇보다 컸다. 만약 바른 자세로 공부하기만을 강요했다면 정우 군은 스트레스를 받아 학습 능률이 떨어졌을 거다. 실제로 고1 한문 시험 치를 때 부모 말 들었다가 오히려 낭패를 보기도 했단다. 당시 눈으로만 읽고 공부했는데, 아빠·엄마가 "한문은 쓰면서 공부해야 한다."고 주장했다. 부모 말대로 했다가 성적이 떨어졌고, 그 뒤로 자신만의 공부법에 더욱 확신을 갖게 됐다. 엄마 이 씨는 "아이가 자신의 방법대로 공부하게 둔 게 긍정적으로 작용했다."며 "학생 개개인에게 맞는 공부법이 따로 있는 것 같다."고 말했다. 그는 이어 "자녀가 자신만의 공부법을 고집할 때는 무조건 반대하기보다 이유가 뭔지 한 번 들어볼 필요가 있다."고 덧붙였다.

이 글을 읽고 일반적으로 부모들이 저지르는 실수

*초등학교 4학년부터 원서로 시작했다고!! 그럼 우리 아이도

보통 이렇게 원서로 공부하는 경우 약 2만 시간이 필요하다. 하루에 6시간씩 10년을 공부해야 한다. 보통 원서로 공부해서 성공한 아이들은 기본적으로 원서로 공부하기 전 단어와 기본 문형을 심어준 경우다. 만일 이런 준비 과정을 거치지 않고 초등 고학년이나 중학생부터 원서로 시작하면 대입을 망치는 지름길임을 명심해야 된다.

장정우 학생의 성공 이면에는 다음과 같은 '상황의 힘'이 내재되어 있다.

① 누나가 서울대 영어교육과 → 공부하는 방법을 알려줄 멘토가 있다. 그러나 **우리 애는?**

② 환경의 힘: 집 모두가 공부할 수 있는 곳과 공부하는 분위기 특히 거실에 대형 TV를 둔 집들이 **거의 대다수 아닐까?**

③ 아버지의 열의: 아들을 위해 신문 스크랩을 해두는 **아빠가 몇 명이나 될까?**

④ 본인 스스로 절제력: 게임과 스마트폰 자진 반납하는 **애들이 얼마나 될까?**

⑤ 정리정돈의 힘: 남자 아이들 경우 스스로 정리하는 **애들은 거의 없다.**

✳

현명한 엄마만이 자녀를 제대로 교육시킬 수 있다. 그러려면 의식을 바꾸는 배움을 계속 이어가야 한다. 학부모가 자녀 교육에 도움을 받을 수 있는 책을 소개하면 먼저 프레임(마음의 틀)을 만들어야 한다. 이 『프레임』 (최인철 지음)은 부모, 자녀 각각 만들어야 되며 이 책이 마음의 틀을 잡는데 많은 도움이 된다. 그러기 위해서는 자식과의 관계를 정상화시켜야 한다. 이때 큰 도움을 줄 책이 바로 『리듬』(김상운 지음)이다. 아이들은 감정의 결대로 리듬을 타듯 발산시켜서 결국은 엄마가 원하는 지점으로 아이가 스스로 가게 만들어 준다. '리듬'으로 자녀 감정을 발산시키고 난 후 인생은 사소한 습관들의 총합이므로 좋은 습관을 만들어 줘야한다. 여기에 가장 큰 도움을 주는 책 2권이 바로 『습관의 힘』(찰스 두히그 지음)과 『스위치』(칩 히스, 댄 히스 공동지음)다. 『습관의 힘』으로 큰 주제를 잡고 디테일 한 것, 구체적 실천 방법을 『스위치』로 보완하면 자녀들의 습관을 잡을 수 있다.

수경이와 같이 중학교 때 전학을 오는 것처럼 초등학교 때는 부모 삶의 근거지에서 생활하다가 중학교 혹은 고등학교 때 교육 여건이 좋은 교육 특구로 전학하는 경우가 많다. 그러나 학습 태도가 어느 정도 잡혀 있는 학생을 제외하곤 대부분의 학생들이 적응하기가 생각보다 힘들다.

교육 특구로 전학을 고민하는 학부모님들에게 드리는 조언

①자녀가 학습 태도나 자세가 갖추어져 있지 않다면 절대로 옮기지 마라!

②전학가기 가장 좋은 시기는 1학기 신학기 초가 가장 좋고 전학 직전 겨울방학 초에 전학 갈 학교의 교과서를 구해서 겨울방학 내내 예습을 시켜라.

제4부

구멍 난 타이어는 아무리 바람을 넣어도 소용이 없다

"우리 애는 머리는 좋은 데
전혀 공부를 안 해요."

"자녀가 하고 싶거나 되고 싶은 게 뭔가요?"

"입으로만 동기부여를 합니까?"

"그건 동기부여가 아니라 잔소리입니다."

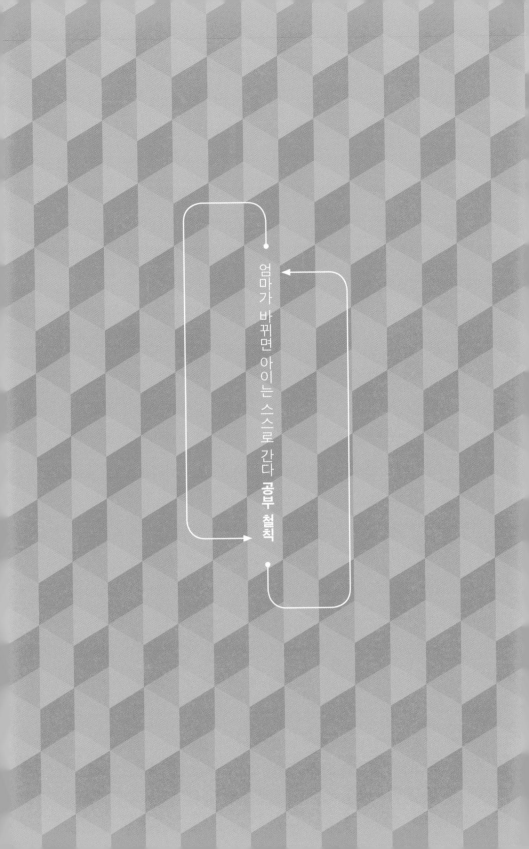

엄마가 바뀌면 아이는 스스로 간다 **공부 철칙**

■ 문제는 보이지 않는 곳에서 찾기
_공부하는 이유를 이해시키기

학부모 상담을 하면 항상 듣는 소리가 있다.

"우리 애는 머리는 좋은 데 전혀 공부를 안 해요."

그러면서 신세를 한탄한다. 부모의 최대 소망이자 학생의 본분인 공부를 왜 죽어라 안할까? 하지만 자녀의 생활을 조금만 둘러본다면 답은 의외로 쉽게 찾을 수 있다.

예를 들어 이런 하소연을 들을 때마다 "자녀가 하고 싶거나 되고 싶은 게 뭔가요?"하고 되물으면 거의 대답을 못한다. 특별히 '되고 싶은 것'도, '하고 싶은 것'도 없는데 구태여 힘들게 공부할 필요가 있는가?

구멍 난 타이어는 아무리 바람을 넣어도 소용이 없다. 학업도 마찬가지다. 생활 어디엔가 문제가 있으면 좀처럼 하는 일에 집중하기가 힘들다. 인생의 목표가 분명한지, 주변 아이들과 문제없이 잘 지내고 있는지, 중학교 공부는 초등 과정의 누적 위에서 출발하기 때문에 기초 학력이 부족한지, 아님 공부하는 요령을 모르는지, 게임과 이성 교제 등 여러 부분에 걸쳐 문제가 있기 때문에 공부에 집중이 안 되는 것이다. 한마디로 어딘가 채워지지 않은 부분이 있기 때문에 갈등과 유혹이 끊이지 않는 것이다.

다음 그림처럼 원하는 것 또는 보여 지는 것만 봐서는 문제 해결이 절대 이루어지지 않는다.

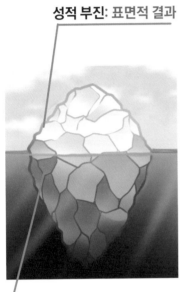

성적 부진: 표면적 결과

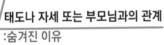

태도나 자세 또는 부모님과의 관계
:숨겨진 이유

먼저 왜 공부해야 되는지 어떻게 먹고 살 건지 가르치면서 (①자본주의를 몸으로 느끼게 하라) 중요한 가치관과 자신만의 철학을 만들게 도와줘야 한다. (②결정적인 것은 가치관과 자신만의 철학이다) 그러는 와중에 여러 이벤트와 보상이 이루어져야 한다. (③입으로만 동기부여를 하니까? 이건 동기부여가 아니라 잔소리다.)

■ 어떻게 먹고 살지(자본주의) 몸으로 느끼게 하라!
_무능이 아니라 무관심 때문에 실패한다

부모들은 자녀들이 공부에만 집중하도록 '우리 사회가 어떻게 돌아가는지' '경제 활동이 얼마나 어려운지' 이런 면에서는 교육을 등한시한다. 아니면 극단적으로 표현한다. 예를 들어 공부 안 하면 길거리 행상이나 막노동꾼이 된다며 자극을 받으라고 말하지만 오히려 이런 이야기들은 역효과를 나타낸다. 우리가 살고 있는 자본주의 실체를 공교육에서는 피상적으로 가르치고 피부로 와 닿지 않기 때문에 청소년 시기에 사회 구성원으로 필요한 교육을 진지하게 받아들이지 못하고 시간을 낭비하는 경우가 많다.

자본주의에 대해 이론과 실전을 다음과 같이 체계적으로 가르쳐야 된다. 다음의 자료는 중학생들에게 자본주의가 어떤 속성을 가지고 있는지 알려주는 책의 목차를 일부 재구성했다.

자본주의 속성을 이해하라!

■ 우리가 사는 세상

세계화+정보화➡양극화(승자독식사회): 10% 자유로운 삶+90% 중하류 인생

*더 심화되는 양극화 시대 – 허파에 바람 들면 인생 망친다. 승자독식사회에
서 승자가 되게 하라.

② 부의 획득

(수요와 공급의 원칙)독점➡➡➡ 금융자산+부동산: 일 안해도 누릴 수 있는 삶

*독점 찾기와 진입장벽 쌓기 차이. 차별화 법칙, 역발상, 틈새, 블루오션, 경
쟁우위

*첫째도 독점, 둘째도, 셋째도 독점이다. 부자는 독점이 되느냐에 달려 있다.

③ 실제 삶의 응용=성공지능(실용지능)➡상류층이 되는 능력

전제조건: 자기가 소유한 레고 조각을 기반으로 선택과 집중➡종자 만들기

흉내 내기 능력   ➡➡➡   정리 능력   ➡➡➡   논평 능력
모방 및 발췌 능력   결합 능력   의사소통 능력

①자본주의는 고생한 만큼 대가를 주는 시스템이 아니다. 힌트는 다른 업종
에 있다; 남이 잘되는 이유의 이면을 통찰하여 자신의 일에 응용하라!

②인터넷에 모두 있다. – 필요한 건만 짜깁기(편집)하는 능력이야 말로 정말
필요한 능력

③구성원들의 무능이 아니라 무관심 때문에 실패한다. – 화룡점정은 커뮤니
케이션 능력이다.

④갈등을 두려워 말고 경영하라! 갈등이 노출되어야 건강한 조직

사업이란

ⓐ사람은 자기 미화의 존재 – 현실은 아이디어가 아니라 실행과 끈기의 싸움이다.

ⓑ모든 성공은 선축적후발산(先蓄積後發散)의 결과이다. 가장 기본적인 선축적은 생활 법률과 독서 2000권이다.

이렇게 이론적으로만 가르쳐도 부족하다. 그래서 공부 안하면 (미래를 준비하지 않으면) 어떤 삶이 기다리는지 알려주기 위해 새벽에 '성남 인력시장'을 방문했다. 단순한 이벤트로 끝나지 않기 위해서 일용직들을 위해 만들어진 '쉼터'를 사전에 방문하여 경기도 건설지부 철근 분회장인 권철수 님이 학생들에게 한 말씀 부탁했다.

처음에는 공부 안하면 이렇게 된다는 걸 보여주기 위해 오는 것 같으니 '기분이 나쁘다' '자존심 상한다' 등 완강히 거절하다가 "그런 문제가 아니라 자기 생활에 충실히 보내지 않음 먹고 살기 위해서 준비하지 못하여 고용 시장에 나옴 모든 미래가 남의 손에 달려 있다."는 걸 보여주고 싶다니까 그때서야 마지못해 승낙했다.

결과적으로는 본인의 청소년기 얘기부터 현재 대한 얘기까지 무척 유용하고 산지식을 들려주었다.

[바로스카이 부모들에게 카톡으로 보낸 내용이다.]

바로스카이

> 바로스카이 교육 철학은 사회에 기여하는 인재 양성입니다. 그러나 요즘 각종 보도 매체를 보면 청년 실업이 화두인 세상이 된 것 같습니다. 이럴수록 우리 자녀들이 확고한 가치관과 전문직 필요성에 대한 인식 그리고 더불어 미래 대비에 대한 필요성을 몸으로 느껴주기 위해 성남인력시장 방문 체험을 하려고 합니다. 인력 시장이 새벽 4시반 열리기 때문에 그 전날인 2월 28일 금요일 찜질방에서 자고 3월 1일(토) 새벽에 방문해서 아침밥 먹고 귀가 할 예정입니다. 참가비용은 없으며 1박을 해야 되므로 남학생들로만 한정됩니다. 특별한 스케줄이 없으시다면 꼭 경험하도록 부탁드립니다.
>
> 오전 11:08

╋   전송

[다녀와서 보낸 카톡이다.]

●●●●● SKY　LTE　　　　　오전 10:40

〈 7　　　**바로스카이 학부모.... 1004**

바로스카이

바로스카이

> 삼일절 휴일이라 한 시간 늦게(새벽 5시반) 성남 태평역에 있는 일용직분들을 보게 되었습니다. 순대 국밥집에서 밥을 대충 먹고 경기도 건설지부 철근분회장이신 권철수 님의 특강을 들었습니다. 진솔하고 직설적인 가식없는 얘기에 중학생들은 큰 도움이 됐는데 초등학생들은 그저 신났더군요. ㅋㅋㅋㅋ "너희들 공부하기 싫은 사람 손들어 보라"고 하니까 2/3가 손들더군요. 그러자 "그럼 뭐 먹고 살 건데"하니까 대답을 못하고 숙연한 분위기였습니다. 다 끝나고 "이렇게 새벽에 여기까지 와서 이런 곳을 오는 너희들은 나중에 여기서 일할 일은 없겠다"하시면서 "너희들은 성공할거야 그러나 내가 말하는 성공은 물질적으로가 아니라 자신이 뜻한 바를 이루는 걸 말하는 거란다" 제가 봐도 민주노총(?) 분이신지 몰라도 말씀을 귀에 쏙쏙 들어오게 잘 하시더라구요!! 좋은 경험이었습니다.

오전 10:08

＋　　　　　　　　　　　　　　　　　전송

▲ 구직 나온 일용직 분들을 뒷배경으로

▲ 철근 분회장 권철수 님 특강

결정적인 것은 가치관과 자신만의 철학이다
_뇌 구조가 서서히 바뀌어 간다

10년 후, 누구는 세상을 바꾸는 위대한 인물로 나아가고 누구는 생계를 어떻게 해결해 나갈까? 고민하는 사람, 이렇게 극단적인 차이를 만들어 내는 것이 바로 가치관과 자신만의 철학이다.

◀ 아이들의 가치관을 형성할 수 있는 좋은 강연이 있다면 단체로 가서 듣고 온 후 들은 내용을 가지고 토론을 한다.

스마트폰이 자신의 아바타가 되고 고가의 아웃도어 패션으로 생기발랄한 청소년들, 그러나 앵글을 조금만 줌으로 당기면 공부 부담에 질식당하고 자존을 상실한 10대의 불안한 민낯이 보인다. 이들에게 정말 필요한 것이 무엇일까? 그것은 스스로 질문하고 스스로 답을 찾아가는 안목이다. 이러한 안목을 길러주는 열쇠가 그럼 무엇일까? 바로 가치관이다.

미국에서 노숙자들을 대상으로 가장 효과적인 사회 구성원으로 복귀시키는 프로그램이 무엇인지 아는지? 그것은 급식 프로그램도 아니고 직업 프로그램도 아니고 바로 가치관과 자신만의 철학을 만들어 주는 '클레멘트 코스'라는 인문학 공부였다.

미국의 사회운동가 얼 쇼리스는 지금부터 10여 년 전, 우연한 기회에 교도소를 방문해 한 여죄수와 이야기를 나누게 됐다.

"왜 가난한 사람들이 존재할까요?"라는 얼 쇼리스의 질문에 비니스 워커라는 이 여인은 "시내 중심가 사람들이 누리고 있는 정신적 삶이 우리에겐 없기 때문이죠."라고 대답했다.

가난한 사람들은 중산층들이 흔히 접할 수 있는 연주회와 공연, 박물관, 강연과 같은 '인문학'을 접하는 것 자체가 원천적으로 힘들고, 그렇기 때문에 깊이 있게 사고하는 법, 현명하게 판단하는 법을 몰라 가난한 생활을 벗어날 수 없다는 것이다. 이때 얼 쇼리스는 가난한 사람들에게도 인문학 교육이 필요하다는 것을 깨닫고 1995년 노숙자, 빈민, 죄수 등의 소외된 계층을 대상으로 정규 대학 수준의 인문학을 가르치는 교육 과정인 클레멘트 코스를 만들었다.

　우여곡절 끝에 최고 수준의 교수진들이 모였고, 20명의 예비 수강생 중 13명이 강의를 신청했으며, 참여하길 원하는 사람들은 점

▲ 매일 하루에 30분씩 주말은 하루에 2번씩 정신교육을 한다.

차 늘어갔다. 끝끼지 강의를 늘었던 17명은 대학에 진학하거나 취직에 성공했고, 무엇보다 중요한 것은 이들이 삶을 대하는 태도가 긍정적으로 바뀌고 언어 표현 능력도 눈에 띄게 좋아졌다. 우리 자녀들에게도 마찬가지다.

평일은 매일 30분씩 정신교육을 시키고 주말 (토, 일)은 오전, 오후 각각 1회씩 하루 2회씩 정신교육을 시킨다. 이때 칭찬 받을 만한 행동을 한 친구는 주위 친구들로부터 박수를 받고 잘못한 친구는 앞으로 어떻게 행동할지 자신의 계획을 말한다. 그럼 함께 토론하고 어떻게 해야 안 좋은 상황을 극복해 나갈지 의논한다.

이렇게 1~2년을 하게 되면 아이의 뇌 구조가 서서히 바뀌어 간다. 주변에서 도움이 되는 강연이 있으면 함께 듣고 또 토론을 하기

▲ 고려대 인촌기념관에서 쓸라톤 아카데미가 주최한 '어떻게 살 것인가?' 인문학 강좌를 듣고 난 후.

도 한다. 이러한 가치관과 자신만의 철학을 만들어 가는 교육은 단기간에 성과를 기대하면 안 된다. 하지만 꾸준히 하다보면 어느 순간 업그레이드된 자녀의 생활 태도를 보게 될 것이다.

■ 입으로만 동기부여하십니까?
_이건 동기부여가 아니라 잔소리입니다

학습의 요체는 심층 연습(deep practice)과 노련한 선생님의 피드백이 수반된 반복 과정이다. 이런 반복 과정은 필연적으로 엄청난 절제력과 인내심을 요구한다. 또한 심층 연습 그 자체도 많은 에너지 즉 노력이 필요로 하다. 이러한 심층 연습을 지속적으로 하게 만들려면 (반복하려면) 강력한 동기부여가 있어야 되며 지속적으로 유지되어야 한다.

이러한 동기부여에 불을 붙이는 점화는 강력하고 무의식이어야 효과적이다. 그러나 부모들은 이렇게 중요한 동기부여를 일상생활이 바쁜 관계로 입으로만 편하게 하는 경우가 많다. 이러면 오히려 역효과가 나기 십상이다. 감정 코칭에 기반을 둔 생존에 대한 위기의식, 주변 신호에 따른 스스로의 동기부여, 노력을 강조하는 칭찬 등이 집중된 노력을 지속시킨다.

자녀가 여학생이라면 고려대 캠퍼스를 보여주고 연달아 동덕여대 캠퍼스를 보여 주는 것도 좋은 방법 중의 하나다. 그러면 두말할 것도 없이 동덕여대보다는 고려대를 선택할 것이다[6] 그러나 이

---

6) 고려대는 주변에 전철역이 2곳이나 있고 건물들이 고풍스럽고 웅장한 반면에 동덕여대는 정문을 올라가는데 언덕길이고 조금 큰 고등학교 크기밖에 안 되어서 확실한 비교가 된다. 남학생의 경우는 고려대와 한성대를 데리고 가는 것이 좋다.

때 고려대를 가려면 성적이 어느 정도 되어야 한다. 또는 너는 생활이 그게 뭐냐? 이렇게 부모가 옆에서 사족(蛇足)을 다실 생각이라면 안 데려 간 것보다 못하다.

그냥 자녀가 느끼게 하면 된다. 아무 말도 안하고 있다 하더라도 속으로는 다 생각하고 있다. 이렇게 명문대 캠퍼스 투어도 좋지만 가장 효과가 큰 건 매년 10월초 (매년 바뀌니 인터넷 검색해서 일정을 확인할 것)하는 '고연전' 또는 '연고전'이다.

▲ 2013년 연고전

금요일에 벌어지는 아이스하키, 농구, 야구는 학교 때문에 참가하기가 힘들지만 토요일 잠실 주경기장에서 열리는 럭비와 축구는 전 가족이 가서 함께 즐길 수 있다[7] 럭비는 경기 규칙을 모르면 별 재미를 느끼지 못하지만 축구는 정말 재미있다. 무료입장이라 부담도 없고, 자녀가 응원하고자 하는 대학에 맞춰 옷(고려대는 크림슨색, 연

---

7) 무료입장, 보통 럭비는 오전, 축구는 오후에 한다. 폐막식까지 보는 것도 좋다.

세대는 파랑 계통)을 입고 기면 더욱너 실감이 난다. 2013년 연고전은 '무한도전팀'에서 촬영도 왔고 축구가 3:2로 고려대가 아쉽게 졌는데 박진감이 넘쳐 갔던 애들이 정말 즐거워했던 기억이 있다.

▲ 2014년 고연전

빅 피쳐를 그려라

전옥표 지음 / 비즈니스북스

10년 동안의 연구를 통해 찾아낸 '자신을 이겨 낸 사람들'='꿈을 현실로 이룬 사람들'의 공통분 모는 무엇일까요? 그것은 바로 인생을 큰 시야로 바라볼 수 있는 힘, '빅 픽처'입니다. 이 책을 통 해 학생들은 '왜 어떤 사람은 원하는 꿈에 성큼 성큼 다가서지만 왜 나는 그렇게 하지 못하는지'에 대한 답을 찾아갑니다. 이 책을 통해 학생들은 막연히 다른 이의 삶을 동경하고, 다른 이의 꿈을 따라가 며 스스로 자기 정체성을 잃어가는 현실에서 자신의 인생을 직시할 수 있는 힘 을 갖게 됩니다. 학생들은 어제보다 나은 삶을 살 수 있고, 자신이 간절히 원하 는 인생에 다가설 수 있게 되기 위해 '자신의 삶이 어떤 존재 가치를 지녔는지' 에 대해 끊임없이 묻고 그 답을 구체화할 수 있는 '노력'이 필수적이라는 것을 깨닫게 됩니다.

근성

조서환 지음 / 쌤앤파커스

성공과 실패 그 사이에는 오직 한 단어만이 존재합니다. 무엇일까요? 답은 바로 '포기'입니다. 그렇다면 우리 아이들이 포기하지 않고 끝까지 해내려는 힘은 무엇일까요? 이 책은 학생들에게 '근성'이 답이라고 말해줍니다. 학생들은 이 책을 통해 '진짜 공부에서는 꼼수 따위 통하지 않는다!'는 것을 보여줍니다. 나태해서든 어떤 상황에서든 포기하지 않고 해내려는 태도, 그것이 바로 '근성'이다. 학생들은 일과 인생을 성공으로 이끌기 위해서 포기하지 않는 '근성'을 먼저 키워서 계속되는 시련에 지쳐서든, 긴장감을 잃고 늘어진 마인드가 아닌 포기하지 않는 근성 있는 마인드로 원하는 삶을 살 수 있는 원동력을 터득하게 됩니다.

청소년을 위한 꿈꾸는 다락방

이지성, 오정택 공동지음 / 국일미디어

'생생하게(vivid) 꿈을 꾸면 (dream)이루어진다!(realization)' 학생들은 항상 궁금해 합니다. 노력이 성공의 비결이라면 성공한 학생들은 나보다 열 배 스무 배 더 많이 노력한 사람들 즉 나보다 하루에 몇 배를 더 공부하는 사람들이어야만 한다. 하지만 현실을 그렇지 않다. 오히려 성공하는 학생들은 나보다 더 짧은 시간을 공부하고 많은 성과를 가져간다. 왜 이런 일이 생기는 것일까? 그런 학생들에게 이 책은 이렇게 대답한다. "성공도 우연이 아니고, 실패도 우연이 아니다. 성공하는 사람은 성공에 이르는 꿈을 꾼 사람이고, 실패한 사람은 꿈을 꾸는데 실패한 사람이다. 인생의 성공 비결은 바로 꿈이다." 그것도 가짜 꿈이 아닌 '진짜 꿈' 꿈이 없거나 가짜 꿈을 꾸는 사람과 진짜 꿈을 꾸는 사람은 세월이 갈수록 그 격차가 크게 벌어진다. 방향이 없는 질주는 무의미하다. 이처럼 이 책은 우리 학생들이 공부에 매진하기에 앞서 무엇을 향해 어떻게 달려가야 하는지를 깨우쳐 준다.

삶을 변화시키는 질문의 기술
마릴리 애덤스 지음 정명진 옮김 / 김영사

질문만으로 내 삶이 변할 수 있다고? 이 책은 사고방식에 혁신적인 변화를 불러온 '질문사고 QuestionThinking™'의 창시자 마릴리 애덤스가 '질문사고'의 핵심들을 알기 쉽게 이야기 형식으로 풀어 담은 책입니다. '질문사고'는 숙련된 질문을 통해 사고와 행동, 결과를 변화시키는 도구들의 체계로, 여기서 말하는 질문에는 다른 사람에게 던지는 질문은 물론, 자신에게 던지는 질문도 포함됩니다. 학생들은 공부를 하며, 어려움에 부딪치면 '나는 왜 항상 이러는 거야?' '나는 왜 이렇게 못하지?'라는 끝도 없는 질문을 하며, 더욱 절망에 빠집니다. 이 책은 절망에 빠진 학생들에게 '왜?'라는 질문의 초점에서 벗어나 '어떻게?' 즉, '어떻게 하면 나는 이 상황을 이겨낼 수 있지?'라는 질문으로 관점을 바꾸는 방법을 알려줍니다.

몰입

황농문 지음 / 알에이치코리아(RHK)

어떻게 하면 나의 능력을 100% 발휘할 수 있을까? 정답은 '몰입'입니다. 이 책은 학생들에게 몰입이 잠재된 우리의 두뇌 능력을 첨예하게 일깨워 능력을 극대화하고 삶의 만족도를 최고로 끌어올리는 방법이라고 이야기합니다. 이 책은 과학적 사실에 근거한 몰입의 가능성에 대해 이야기하며, 몰입의 개념과 필요성을 새로운 시각에서 정의하고 '몰입에 이르는 구체적인 방법'을 가르쳐줍니다. '생각' 자체는 눈에 보이지 않지만, 고도의 집중력을 발휘한 몰입은 확실히 눈에 띄는 생산적인 결과를 만들어낸다. 이 책은 불안과 우울을 고질병처럼 안고 자아의 한계에 부딪친 학생들에게 '인생을 획기적으로 바꾸는 몰입적 사고'를 가르쳐주는 충실한 안내서가 될 것입니다.

박주현의 공부반란

박주현 지음 / 동아일보사

억지로 하는 공부가 아닌 행복하게 공부하는 방법은 과연 무엇일까? 나는 머리가 나빠서 공부를 못해"아무리 열심히 공부해도 성적이 안 올라" 대한민국의 중고등학생이라면 한번쯤 이런 푸념을 해본 기억이 있을 것입니다. 이 책은 성적 때문에 고민하는 99%의 평범한 학생들에게 던지는 희망의 메시지입니다. 어리숙하고 늦은 아이었던 박주현의 진솔하고 솔직한 이야기가 담겨서 아이들이 공감할 수 있기 때문에 거부감이 없는 이 책에서는 이렇게 공부하면 잘한다는 성공사례를 알려주기 보다는 자신이 겪었던 고민과 이를 풀기 위한 노력을 담고 있습니다. 중3 때 토익 만점을 받고, 삼육고등학교를 수석으로 졸업했으며, 2004년 SAT 99.9% 득점이라는 놀라운 성적으로 하버드대에 지원한 이력을 소개하며 즐기면서 하는 행복한 공부법을 강조합니다. 기존의 공부법 책과 이 책이 차별화되는 부분도 여기에 있습니다.

"결국은 멘탈 모델이 모든 걸 결정합니다"

이변이 없는 한 아이의 인생은 10대를 어떻게 보내느냐에 따라 달려 있습니다. 따라서 현재 보이는 것이 아이의 전부라고 믿고 살면 한 차원 떨어지는 삶으로 자녀를 밀어 넣는 것입니다.

"추위에 늠름한 호랑이처럼 아이에게 열선 깔린 바위를 만들어 주었나?"라고 한번 자문(自問)해 보십시오.

이 질문에 당당히 대답하실 학부모님들이 그렇게 많지는 안을 겁니다.

'일주일 학습 플랜법'과 '15분 STOP 뇌새김 인출'을 1년만 해도 기본적인 공부 뇌는 만들어 집니다.

한 가지 일을 시작하여 끈기 있게 마무리를 해본 사람은 그 과정에서 많은 교훈, 많은 노하우를 터득하게 됩니다. 그리고 인생의 모든 일이 진행되는 과정이 참으로 비슷하다는 것을 알게 되고 다음 단계로 나아가는 귀중한 발판을 얻게 됩니다. 따라서 성공한 사람들

은 마무리의 대가이고 이렇게 아이들은 성장해 나아가야 합니다.

　다시 말씀드리지만 10대의 10년은 대학과 직업을 결정하고, 사고방식과 인간관계, 마인드, 경제관념을 형성합니다.

　이렇게 중요한 10대에 공부 뇌를 만들어 주시는 것이 자녀에 대한 참된 사랑입니다.

이승훈 이서연 공동저자

공부는 암기력: 성적을 올리는 절대 원칙

조주행 지음
신국변형판 / 207쪽 / 12,800원

생각하면 공부가 가장 어렵다 살아보면 공부가 가장 쉬웠다 초등학교와 중고등학교 때에 공부는 누구에게나 어렵다. 그것이 1등이나 꼴찌에게도 마찬가지다. 그러나 대학부터는 구별되면서 공부가 더 어려워진다. 사회에 진출하여 끝없이 이어지는 공부의 연속에 더욱 어렵다는 것을 느낀다. 이는 학생 때의 학교 공부는 미래를 위해 누구나 하는 것이기에 소극적이고, 사회인이 되어 사회 공부는 현실의 삶에서 차별을 받기 때문에 적극성을 띠기 때문이다. 암기되지 않는 공부는 요행이 필요, 암기되지 않는 지식은 쓸 곳이 없다. 암기는 천재에게도 어렵다. IQ가 높다고 암기가 쉬운 것은 아니다. 끈기라는 요령이 절대적으로 필요하다. 이런 과정을 거쳐 확실한 암기가 있어야 고득점으로 가는 길이다. 어설픈 암기는 실수가 동반되기 마련이다. 학생을 거쳐 사회인이 되었을 때 암기되지 않은 지식은 써 먹을 곳이 없다. 현장은 실수가 용납되지 않는 곳이다. 그래서 사회인들은 학생보다 더 많은 노력과 공을 들여 암기를 한다. 그때 깨닫는다. 학생일 때에 공부가 쉬웠다는 것을 말이다. 어른이 되면 누구나 공부가 가장 쉽다는 것을 알고 있다. 그리고 후회를 하지만 마음속으로만 한다. 창피하기 때문이다. 공부에는 때가 있다는 것을 알기 때문에 다시 시도할 수는 없다. 그리고 생각한다. 내가 학생일 때 누군가가 더욱 더 강력하게 깨달음을 주었다면 조금은 더 잘할 수 있었을 것이라고 생각한다. 교육계 30년 이상 몸담았던 저자가 진정한 공부는 암기력에 있고 그 실천이 밝은 장래를 보장받을 수 있다는 것을 조목조목 예를 들어 설명하고 실행할 수 있는 매뉴얼을 제시한 책이다.

아는데 안돼요

정연호 지음
신국판 / 252쪽 / 14,000원

나와 갈등에서 이기는 상대성 심리학은 그리스 로마 신화와 논어에서 치유심리를 뽑아낸 이야기로 이 책에서 말하는 상대성 심리학은 음양을 바탕으로 한 동양 심리학이다. 음양이라는 말이 다소 어렵게 여겨지는 면이 있어서 상대성이라는 이름을 붙였다. 상대성이란 모든 것은 서로 짝지어 존재한다는 뜻을 가지는데 이것을 심리적인 면에 적용한 것이 상대성 심리학이다. 자기 마음의 여러 생각들 중 상대적으로 더 큰 생각을 따라 행동과 감정이 나온다. 그렇기 때문에 겉으로 드러나는 자신의 행동과 감정을 역으로 추적해 보면 감추어져 있는 자신의 속마음도 헤아려 볼 수 있다. 상대성 심리학에서는 자신이 분명한 '히려는 의노'

에도 불구하고 감정과 행동은 하지 않으려는 쪽으로 나타나고 있다면 '하려는 의도'보다 '하지 않으려는 의도'가 상대적으로 더 크다고 본다. 하지만 시야가 좁아져 있어서 스스로는 자신의 '하려는 의도'만 볼 수 있을 뿐 '하지 않으려는 의도'는 볼 수 없을 때, 그때 나오는 말이 바로 '아는데 안돼요'다. 이 책은 상대성 심리학으로 '아는데 안돼요'를 풀었다.

쉽고 빠른 엄마표 글쓰기+활어사전

정종영 지음
46변형판(191쪽/12,700원)+46판(143쪽/9,300원)

이 책의 대상은 성인 초보자이기도 하다. 그중에서도 초등학생 자녀를 둔 엄마들이다. 엄마가 배워 자녀 글쓰기를 지도할 수 있도록 만들었다. 엄마가 글쓰기를 배워야 할 분명한 이유가 있다. 자녀들 대부분 스스로 무엇을 써야 할지 모른다. 다시 말해 소재, 주제를 스스로 찾을 수 없다. 엄마는 자녀가 좋아하는 것, 도움이 되는 것을 누구보다도 잘 안다. 자녀가 관심 있는 소재, 주제를 글감으로 던져주는 일, 엄마가 최고 적임자이다. 처음부터 어렵고 재미없는 글감을 던져주면 자녀들은 글쓰기를 쉽게 포기한다. 그래서 엄마가 꼭 해야 한다. 저자가 동화를 쓰면서 수년간 활용했던 방법이기도 하다.

쉽고 빠른 엄마표 글쓰기: 활어사전으로 문장을 요리하다

부모보다 더 좋은 교사는 없다. 산도 좋고 바다도 좋다. 도시가 아닌 자연을 보고 글로 담아본다. 눈에 보이는 것, 귀에 들리는 것, 손으로 만질 수 있는 것 등 어느 하나도 놓치면 안 된다. 보는 방법도 달리 해야 한다. 위에서 아래로, 왼쪽에서 오른쪽으로, 멀리서 가까운 곳으로 관찰한다. 힘들게 오른 산꼭대기에서 내려다보는 경치는 어떠할까? 값진 노력의 대가는 정직하다. 표현 방법론을 주로 다른 이 책은 글쓰기 기초 지침서로 살아있는 문장을 쉽고 빠르게 만들기 위한 방법론이다. 특히 초등학교 자녀를 둔 부모를 위한 책이기도 하다.

활어사전: 쉽고 빠른 엄마표 글쓰기의 생각 친구

활어는 '活; 살 활, 語; 말씀 어'이다. 뜻을 풀어보면 '살아있는 말'이 된다. 활어를 보는 순간, 무엇이 떠오르는가? 물 밖에서 팔딱팔딱 뛰는 물고기 한 마리가 눈앞에 어른거린다. 이것이 바로 활어이다. 수많은 활자 속에서 종이 위로 팔딱팔딱 뛰어 다니는 그런 문장이 바로 활어이다. 활어는 분류가 생명이다. 활어사전의 분류는 저자가 오랜 기간 사용해서 만든 결과이다. 저자는 활어사전을 커뮤니케이션, 사람의 감정, 묘사(맛, 냄새, 색, 풍경, 날씨, 시간)로 나누어 정리했다. 이 책은 활어를 익혀 글을 쓸 때에 언제라도 활용할 수 있도록 만들어져 있다.